翻轉學

翻轉學

MIND MAP

極速解決工作難題的
心智圖大全

6大功能 × 7大工作領域 × 43個常見問題，
讓你用心智圖舉一反三，輕鬆解決各種職場難題！

胡雅茹——著

contents > **目錄**

第 3 章

打造競爭優勢

第 4 章

激發創意靈感

第 7 章

減輕心理壓力

第 8 章

下班回家之後

好評推薦

「這是一本充滿了實戰經驗的心智圖書籍，作者從職涯、工作、生活、財務等各方面做了系統性的梳理，每個問題都至少搭配一張心智圖供讀者做參考。我認為，如果你是一個很常千頭萬緒不知道要如何整理、說出口的人，那麼你可以試試看本書的方法，你會發現，其實自己早已知道答案。」

—— 小金魚的人生實驗室，電商客戶經理、職涯諮詢師

「碰到難題最好的思維是『與其跳開，不如解開』。解開工作難題有三個階段：『一、寫下問題；二、找出邏輯；三、決定解法。』這三個階段的執行，就是心智圖的概念，如果你擔心不知怎麼完成，就看看這本書吧。喜歡這本書的圖文兼備，學到概念時，同時學到圖像的解法，簡單易懂，未來遭遇工作難題，看完想必就能立即上手。」

—— 李河泉，秒殺級領導課講師、世新大學傳播學院副教授

「心智圖是所有圖像化思考的基礎，也是系統化、完整性思考的最佳工具。」

—— 孫治華，策略思維顧問有限公司首席商業顧問

「這是一本以實際案例，教你活用心智圖法解決工作難題的好書！」

——孫易新，英國博贊心智圖法全球第一位認證華人講師

「心智圖是透過『心』與『手』繪製出腦中的畫面，把思考視覺化。而本書使用心智圖來剖析『工作』的不同面向，就像是在繪製自己成長的紀錄，是一種整理人生的方式，藉由思考自己來理解自己。」

——廖文君，人生整理教練

「《極速解決工作難題的心智圖大全》不僅是本教你做心智圖的指南手冊，更是透過各種生活、工作、求職、自我學習等情境，引導你運用心智圖來突破大腦的『思考極限』。」

——趙智凡 Mark Ven Chao，IamMarkVen 馬克凡品牌創辦人

工作上的難題，都能靠心智圖解決

幾年前，一位年約五十的職業婦女郁芬在最後一天上課時，對我說：「我很感謝你的課程，因為我覺得我的憂鬱症好了。」

我心想：「什麼？憂鬱症好了！心智圖哪有那麼神奇啊！這太誇張了吧！心智圖怎麼可能用來治療憂鬱症啊？」

郁芬說：「我以前總以為事情就是這樣子的，沒有別的解決方法了，上過心智圖課程後，我發現很多事情都有很多種解決之道，所以我的憂鬱症好了，我不用再去看心理醫生了！」

我想，郁芬的情況可能是特例，但也可能不是唯一的特例，有時，我們覺得已經是渺無生機或是面對一堵無法通過的高牆，畫一畫心智圖可以幫助我們卸下腦中的壓力，也能幫助我們看見「造成困難」的關鍵點。

 把感性與理性的思考可視化

中文造字中，跟情緒有關的字，其部首都是心，所以「心」是

感性的;「智」就應該是理性的。心智兩字應該本來就要是融合理性與感性才是。

這麼說來,心智圖應該是「思考與心理之間的雙面鏡」,並不只能從一個角度來看待事物,所以心智圖並不是單純的相機或是鏡子而已。

心智圖也是「思考的可視化」,科學家探究出屬於高等哺乳類的人類,在生理上是傾向於運用五感中的視覺,來認識世界與處理事情。

因此將腦中的思緒可視化,能幫助我們聚焦目標,了解目前思路與最終目標之間的偏移程度有多少?也能讓我們清晰地見到真正卡住我們的困難關卡是什麼?就像是腦中思考過程的路線圖一樣,可以幫助我們決定要往哪裡走或要不要回頭重來?

 ## 心智圖究竟有哪些功能?

2019 年 5 月初,收納教主廖心筠在社群軟體上留言給我:「學會心智圖,是一種腦袋收納,讓我做事更有系統,思考更有效率,真的好感謝你。」

整理大腦

確實誠如廖心筠所比喻,心智圖最常發揮的功能如同「大腦的

收納」，當我們想法亂糟糟、不知所措時，靜下來書寫，透過心智圖能夠幫助我們很有次序性地表達腦中的想法，快速地將思緒分類與歸納。

延伸想法

心智圖像「點子的培養土」，幫助腦中剛萌芽的想法，能透過心智圖的繪製過程，逐漸將想法延伸，並發展得更系統化與組織化，也更完善、更完整地呈現在眼前。

聚焦思考

心智圖也如「思考的變焦鏡片」，能夠讓我們看遠、看近，一紙搞定！同理可證，也像是「心智的哈伯望遠鏡」或「心智的奈米顯微鏡」。可以幫助我們想看得很遠就看得遠，也能幫助我們一層層往下分析，分析到非常微小而很難以發現的細節。

找出盲點

心智圖有時則像是「心智的照妖鏡」！看著自己畫出的心智圖，段段思緒都忠實呈現，沒有疏漏，可以幫助我們對於某事或某物從無感變成有感，讓我們看清思考時自己的盲點，心智圖就好像白雪公主故事中的魔鏡一般，老實得不得了！

優化想法

心智圖還可說是「心智的打磨機」，就像把粗糙的原始想法逐

漸打磨成精美的鑽石，可讓我可以不斷地隨時優化我的想法，分析判斷思考的過程，並做出各種取捨，讓外界的人僅能見到最終、最完美的想法。

洞悉慣性

心智圖有時還可以是「心智的剎車器」。關於習慣，有個黃金定律是這樣說的：你想要改變一個習慣，需要用另一個習慣來取代。人類的思考習慣是在無意識間養成的，我們可以運用心智圖來有意識地看破過去的思考慣性，讓你不再被無意識的習慣牽著大腦走。

 ## 心智圖的萬能，無法只用一句話說明

課程中，我一定會讓學員畫一張「你覺得心智圖可以用在哪裡？」的心智圖。學員個個都是下筆有如神助地快速完成。從我的教學經驗裡，發現許多學員實際運用後，也感受到心智圖有前述那些功能的好處。

完成這項作業後，我再問學員：「你學習心智圖前後的差異是什麼呢？」

「心智圖可以幫助我頭腦更清晰的完成許多事情。」

「用心智圖進行規劃時比以前更有效率。」

「心智圖可以很精簡的製作讀書筆記與上課筆記。」

「心智圖幫我在發想創意時變得更簡單了。」

「用心智圖跟別人進行溝通時，更有邏輯性。」

「心智圖幫助我更會抓重點，不會有廢話。」

「用心智圖來整理腦中想法時，變得很有次序。」

「用心智圖畫過一遍後，不用看小抄也會記得全部的內容。」

為什麼這些難題可用心智圖解決？

首先，職涯中對於從沒做過的事情、不擅長的事情，我們總是躊躇不決、猶豫再三，遲遲不敢付出行動，機會就緩步遊走了。於是我們懊悔，批判自己的不自信，自覺一事無成、虛度光陰。但下次機會來臨時，我們再度害怕自己會衝動行事，再次重蹈覆轍地讓機會又溜走了。

其次，面對複雜問題，或有時面對主管交辦事項，我們鼓起十足勇氣，決定衝了，沒多久就發現自己想得不夠周全，必須要大幅度調整做法，一切都不是按照心中的理想情況去發展的，甚至是走入了死胡同。於是我們懊悔，批判自己的不成熟，自己思慮不周、衝動誤事。

依據 80/20 法則，職場中凡事皆可像國中數學的因式分解一樣，

解析出許多影響因素，占比 20％的因素（少數的關鍵因素）會影響或導致 80％的結果（多數的結果），相反的，占比 80％的因素會影響或導致 20％的結果（不重要因素占多數，卻影響力薄弱）。

繪製心智圖的過程，正是將我們的心智訓練成能快速掌握 80/20 法則的職場良方。

再者，面臨兩難困境時，頂尖人士都有一種不自覺的心智習慣，這種心智習慣被稱為「整合思維」[*]。整合思維正是運用心智圖時大腦運作的核心，是可以學習來的，也是需要經驗與時間累積來的。換言之，越常運用心智圖來輔助思考時，越容易訓練大腦轉變成整合思維：

想要開始過著不後悔的職場人生嗎？

想要立即掌握高績效的職場能力嗎？

想要找到翻轉你人生的關鍵因素嗎？

那麼你一定要學會心智圖。

你可以運用心智圖來解決七大領域的問題。

---

[*] 引自《決策的兩難》（*The Opposable Mind*）。

第 1 章

輕鬆畫出心智圖的
基本功

01 | 繪製心智圖的 基本六步驟

　　心智圖最簡化的定義是：「利用線條與色彩，把關鍵字詞的邏輯關係呈現出來的圖像。」如果我們想畫出一張「畫面均衡」、「吸引目光」、「回憶準確」、「閱讀流暢」的圖像，就需要好好的學習這六個步驟！

1. 手繪心智圖的準備工具：一張白紙，三種顏色以上的筆。

2. 紙張橫放在眼前，先挑選你喜歡的顏色的色筆，在紙張中央的區域寫下「主題」。主題可以是關鍵字詞，也可以是一張代表性的圖像，但絕不可以寫下一段話喔。

3. 換另一枝色筆，寫下第一個主要的關鍵字詞在主題的右上角位置。再從主題處拉出一條由粗到細的底線，讓關鍵字詞是擺放在線條的上方。切記，同一條脈絡上的關鍵字詞與線條都要用同一種顏色。

4. 在第一個主要的關鍵字詞的後方，逐一寫下與之相關的其他次要的關鍵字詞，同樣是先寫完字後，再拉出線條於文字下方，這樣整體版面就會工整好閱讀。

5. 再換另一種顏色的色筆，寫上第二個主要的關鍵字詞，同步驟 4，完成第二條脈絡的內容。

6. 相鄰的兩條脈絡，要避免使用同一種顏色來寫字與畫線。接著以順時鐘的排列方式，依序畫上第三條脈、第四條脈……

02 畫出構圖好的心智圖，要注意三件事

　　心智圖整體樣貌就像一張大圖片一樣，初學者可能會希望第一次畫圖時就能畫出整體構圖美麗的心智圖。這種心態無可厚非，但卻是捆綁自己的完美心態。

　　除非你本來就很擅長畫畫，否則第一次動手畫心智圖的人，難免會畫出比例怪怪的構圖。這時，千萬不要立刻放棄手繪，而改用電腦軟體來繪製喔。若真要說祕訣的話，我有三點祕訣：

1. 先寫字再畫線。文字皆呈水平狀，由左到右書寫。

2. 放膽去寫，因為只要你接連畫過了五張心智圖，就能建構出構圖均衡的心智圖了。

3. 不可以把關鍵字圈選起來。把關鍵字圈起來或框起來，就會形成類似蜘蛛圖（spider map）的外觀，你若拿蜘蛛圖與心智圖放在一起比較，必定會發現心智圖的表現方式更容易刺激大腦去無限延伸想法。

03 如何激發思考？
──四大思考形式

被譽為「大腦先生」的英國心理學家東尼・博贊（Tony Buzan）在 2019 年 4 月 13 日過世，留給世人最大的成就，正是創造了「心智圖」（Mind Map）這項思考工具。

全球「50 大管理思想家」（Thinkers 50）排名世界第一的管理思想家羅傑・馬丁（Roger Martin）研究成功領導者在面對困難問題時，他們所做的決策心理與決策行為，提出了「整合思維」（integrative thinking）是做出最具優勢的解決方案的關鍵點。

繪製心智圖的過程正完全吻合「整合思維」的四個步驟：考量重點→因果關係→決策架構→解決方案，能幫我們在兩個對立概念之間提供創意解決方案。

享譽全球的商業書籍《與成功有約》（*The 7 Habits of Highly Effective People*）的作者史蒂芬・柯維（Stephen R. Covey），也是全美最具影響力的 25 位人物之一，在研究人生各種難解問題後，提出了「第三選擇」的思維模式，是可以超越你我的想法，做出任何人都未曾想過的更好方法。

「因為真正的問題通常不是我們的論點究竟有多高明，而是在於我們的思維模式。」

「思維模式就像一張地圖，幫助我們決定自己要走的方向。我們所觀看到的地圖決定了我們的行為，我們的行為決定了我們會得到的結果。改變思維模式，我們的行為及所得的結果也將有所不同。」[*]

與自己進行溝通，或是與他人進行溝通，運用心智圖來輔助溝通過程，正能完全吻合「第三選擇」的原則、思維模式、流程，能幫我們以創意的解決方案來達成綜效。

心智圖能這麼有效地刺激大腦、啟動思考的原因在於，它融合了大腦的四種思考形式——水平思考、垂直思考、分類思考、網絡思考。透過這四種形式，讓大腦在輸出想法時更為完善、有效率。

水平思考

顧名思義，所想出的內容，都位於同一個水平層次上，也就是「舉一反多」。水平思考等於是擴散思考（發散思考），促進思考的廣度。

---

* 引用自《第三選擇》（*The 3rd Alternative*）。

例如「會議」兩字，會想到「會議的內容」、「會議的時間」、「會議的目的」、「會議的方式」、「會議的價值」等。就像是一對父母，生了五個小孩——大寶、二寶、三寶、四寶、小寶。兄弟姊妹間的旁系血親關係就是同一水平層次的關係。

圖表 1-1　水平思考

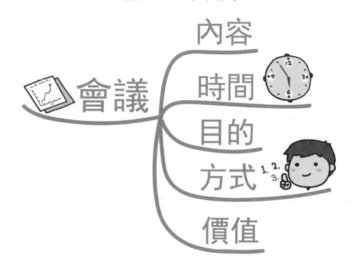

　　舉一反多的思考就是水平思考，這裡說的「水平」是指內容層次是同一個水平的意思。不是指空間上的水平排列。

垂直思考

　　跟水平思考相反，所想出的內容，不在同一個水平層次上，呈

現「上下階層」關係,是思考的深度。

例如:「會議」兩字想到「會議的目的」,從「會議的目的」想到「釐清歧見」,從「釐清歧見」想到「達成共識」。就像是父母生了兒子,兒子生了孫子,孫子生了曾孫子一樣,直系血親間的關係就是垂直思考的關係。

圖表 1-2　垂直思考

分類思考

我先跟大家溝通一項重要觀念,**心智圖是要啟發大腦去思考,不是要局限大腦只能怎麼思考。**

心智圖上,你認為有幾大分類,就會呈現出幾條主要脈絡(主脈),心智圖並沒有規定「分成幾類比較好」、「至少要分成幾類比較好」。

分類思考需運用到邏輯思考的歸納能力,等於是聚斂思考(收斂思考)。

第一步：依據「目的性」來決定如何分類

　　首先，我們動手畫心智圖的動機，一定是想透過心智圖來達成某個特定目的，因此，只要能「吻合繪製目的下，能完整呈現出所有想法」的分類，都是好分類，你想要分成幾類，就分成幾類，心智圖上就會有幾條主要脈絡（主脈）。

　　案例：我的教學經驗中，雖不算常見，但每隔一、兩個梯次，就會有學員卡在如何分類的問題上。

　　某學生綿綿問：「分類對我是很大的障礙，我不知道該怎麼分類？」

　　我先反問綿綿：「你為什麼要畫這張心智圖呢？也就是說，你畫心智圖的目的是為了要解決什麼問題呢？」

　　綿綿說：「我一直想把我的書房整理好，想用心智圖來幫我規劃一下。」

　　書房中為什麼會有這些東西呢？一定是因為我們要拿它們來做某件事情對吧？那麼我們可以用使用它們的目的性來分類。

　　這樣，我們就能很清楚的看出自己在某件事情上的工具有哪些？工具夠不夠用？也不會忘了自己擁有哪些工具。這個概念也適用於整理衣櫃喔！

圖表 1-3　綿綿的分類法

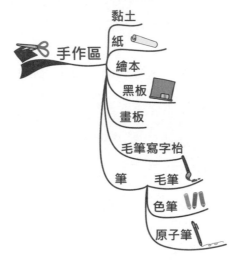

只有將「筆」形成一個類別，其他用具只是羅列寫出。

圖表 1-4　建議的分類法

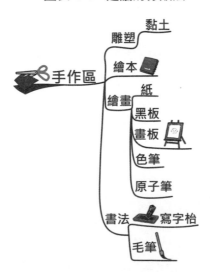

依據使用這些用品的目的性來分類，再將每個類別的使用工具一一寫於其後。

第二步：分類要吻合 MECE 原則

MECE，是 Mutually Exclusive Collectively Exhaustive 的縮寫，由麥肯錫顧問公司所提出，中文意思是各部分之間相互獨立，且沒有任何遺漏。簡單說就是「沒有遺漏、也不重複」。

案例：辦公用品分成這幾項大類別，也就是主脈為「文具類」、「紙張類」、「電子設備」、「電腦設備」，那麼電子白板要歸於「電子設備」還是「電腦設備」呢？主脈做這樣的分類就不吻合 MECE 原則。

第三步：主脈不要只分成兩類

二十多年來，我在職場的實務上發現，心智圖的主脈最好不要只分成兩類或出現「其他類」。

兩個類別的分類，通常是 180 度的對立面，例如男跟女。但仔細探究下去，多數情況會發現必有例外，像是生理上為女，心理上為男的人，要歸於哪一類呢？再重新將主脈上的類別名稱做出定義後，肯定會發現兩類的分類，並不足以吻合 MECE 原則。

所以，分成兩類通常是用在啟動思考的過程，但不應該是思考的結果。

案例：家庭主婦曾暉雯的心得：聽演講時同步以手繪製作心智圖筆記時，畫心智圖前覺得自己思緒有清楚了，但下筆時還是要想一下、歸納（自我認知與實際情況的差距）。

手繪心智圖時思緒有立體感，不像用電腦軟體時思緒是很平面

的感覺；手繪寫作畫畫極具療癒感，對於降低焦慮、提升內心平靜、面對問題，有很大的幫助。

我跟曾暉雯的想法一樣，每個人最好都有進行手繪心智圖與運用心智圖軟體的能力，兩者能力是相輔相成的。

圖表 1-5　吻合 MECE 原則

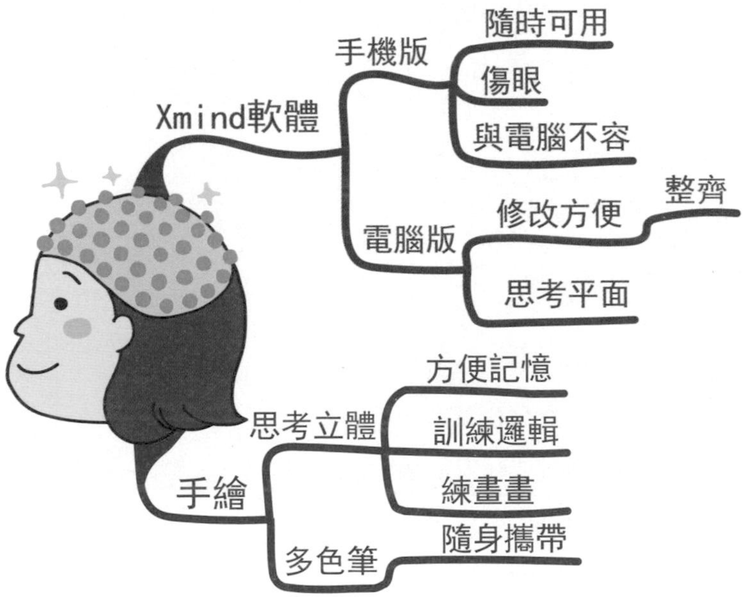

有時思緒會暫時卡住，我們很輕易地直接在主脈上設立一個「其他類」，隨著心智圖上的文字越寫越多，可能會發現主脈為「其他類」的內容多到不得了，但其他主脈後面的內容卻少得可憐，這就表示我們的分類不吻合製作的目的性了（換言之，所做的分類方式並未吻合中心主題）。

 **網絡思考**

　　蜘蛛會因所處環境而結出不同樣貌的網，目的就是要盡最大的可能去捕捉獵物。枝繁葉茂的大樹會以不斷地分枝方式，盡可能地爭取最遠處的陽光。

　　心智圖就像蜘蛛網一樣可以任意變形，也像大樹一樣可以無限延伸出去，好綿綿密密將腦中的重要訊息全部網羅。

　　我們只要在心智圖上同時呈現「水平思考」與「垂直思考」的結果，就可以很輕鬆地完成網絡思考了。

課外補充：「醫理樹喻圖」

　　1970 年前，心智圖發明人東尼・博贊參考了世界各地的學習方法、腦神經學、認知心理學、神經語言學等，而發明了心智圖。我猜想當年的他肯定是接觸過藏醫的「醫理樹喻圖」*跟藏傳佛教的「曼陀羅九宮格思考法」，才發明了心智圖。

　　說個題外話，日本人過去也見過這張「醫理樹喻圖」與心智圖，而發明了「樹狀圖」。樹狀圖是單一方向的開展，心智圖是放射狀開展，兩者看起來類似，但心智圖更能刺激大腦舉一反多的能力。

---

* 藏醫認為人體存在三大要素，隆、赤巴、帕剛。如果三者失調，即會引起疾病。

圖表 1-6　醫理樹喻圖[*]

---

*　布畫醫理樹喻圖唐卡。20 世紀，棉布彩繪，西藏博物館藏；三獵攝。

04 建立整合思維的知識系統，心智圖最有用

 原因一：心智圖連結「觀點」與「經驗」之間

　　全球「50大管理思想家」排名世界第一的管理思想家羅傑・馬丁（Roger Martin），是多家國際企業 CEO 資深顧問，採訪多家成功企業領導者後，發現這些**成功的領導者腦中內建著一種可以由後天培養而來的心智系統**：他們會在獨特情境下使用這項心智系統，產生獨特結果，而**思考過程有著共同的思考方式，是一種「整合思維」**。

　　「整合思維者能夠同時思考互相對立的觀點……能創造出全新方法、兼具兩個選項的優勢……整合思維是一種平行思考或複雜思維，並非單純以線性順序接續下去，而且心智可以從不同觀點同步刺激。」羅傑・馬丁提出了這樣的知識系統架構，心智圖是其中適用性最廣的思考工具：

圖表 1-7　知識系統

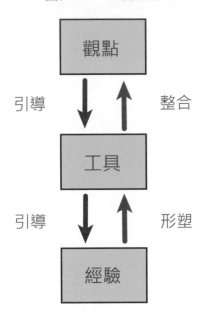

腦中既有的「觀點」會引導我們去找尋思考「工具」，思考「工具」會引導我們產生行動、產生「經驗」。「經驗」會形塑我們腦中的思考「工具」，思考「工具」會讓我們大腦整合出「觀點」。

原因二：心智圖者的心智，逐漸自動以「目的論因果關係」方式運作

整合思維有三項強大的工具：生成性推理、因果模型建構、肯定式詢問，前兩項跟心智圖者（mindmapper）的心智運作是一樣的：

生成性推理——問「可能是什麼？」，而不是「是什麼？」是從無到有的推理。

羅傑‧馬丁直接點出找出單一正確解答的教育模式，就是固守現狀的思維，是陳敘性推理，以演繹跟歸納邏輯在運作。整合思維者反而不能接受只有單一模型，會找出不符合現行模型的洞見，並從中想出新的模型。

因果模型建構 —— 分成「實質因果關係」、「目的論因果關係」。「實質因果關係」是下雨後，地板會溼。整合思維者會進行「目的論因果關係」，為了要讓地板溼，我們應該要怎麼做？

親手繪製心智圖時，我們會自動逐漸邁向整合思維者，越資深的心智圖者，越是資深的整合思維者。

過去，我在多本心智圖著作中皆提到，**初學者只要畫 20 張心智圖就能建立一次畫到好的能力，畫 500 張左右心智圖就能達到不管什麼主題都難不倒你。**

我在學習心智圖後的半年內，就親手繪製超過 500 張。從事心智圖教學活動也超過 20 年，我在教學上的一貫態度是厚積薄發，說話一向不誇張且保守。我誠心地告訴你，想要成為一個有創意的解決問題者，不難！**在你的工作領域上不斷繪製心智圖，很快地你便能成為深耕該領域的有創意的解決問題者。**

05 應用心智圖過程中，最常遇到的 Q & A

 要想好再畫，還是先畫再說？

方方問：「我的腦中想東想西的，很多想法，但是我不知道該怎麼把這些內容彙整成心智圖耶？我沒辦法一次就畫得很好耶，我一直在修改，我是不是應該先想好再來畫？」手繪心智圖的人，很容易問我這個問題耶！

我想大家都誤會了，心智圖不是美術課，也不會有人對你畫的心智圖進行評分，版面歪七扭八或是整齊，插圖美麗或是潦草，一、點、都、不、重、要！

我們是要用心智圖來幫助加速思考或讓思考更完善，並不是要用心智圖來參加美術比賽啊！

但是，很多人都以為自己的心智圖，必須要像他人放到網路上分享的一樣，簡直像是美術老師出手的模樣，才是「好的心智圖」，這是掉入了思考盲點中。

　　佛羅里達大學教授傑利・尤斯曼（Jerry Uelsmann）在電影攝影班做過一個實驗，告知 A 組同學的分數將以量取勝，交出的照片越多分數越高，交出一百張照片就能得到滿分。告知 B 組同學的分數將以質取勝，只要交出一張照片就好，越近乎完美的照片就能得到滿分。到了學期末，所有的傑出照片都來自於以量取勝的 A 組。

　　在我們學習新事物時，越執著於想出最棒的做法，反而讓人綁手綁腳，時間到了卻無法開始動手行動。

　　別忘了，我們是運用心智圖來幫助思考，實際情況是一邊想一邊畫，絕對是修修改改的，自然不是很工整，但是透過這樣的手繪過程，你會發現腦中那飄忽不定的思緒，或隱隱約約的答案，以明確且清晰的模樣呈現在眼前。

　　如果真的覺得太潦草混亂，實在是拿不出手去見人，那麼再重新手繪一張就行了。或是一開始就使用心智圖軟體來繪製，也會讓修修改改的過程比較輕鬆。

　　如果你打算像我一樣，要成為心智圖的專業人士，不僅要把學習心智圖的過程發揮到極限，並且要能享受自己越變越好的過程。

 畫心智圖很花時間嗎？

　　第一天的心智圖課程中，湘湘問：「畫一張心智圖很花時間嗎？花多少時間畫一張心智圖才對？」

哈哈！這真的是只有受過中國傳統教育的人，才會問的問題！

回想一下，我們第一次開車上路的情況，是不是全神貫注眼睛緊盯著前方路況，很仔細的看道路標示？幾天之後，是不是已經能一邊開車一邊在腦中回想今天上班時所發生的有趣事情，已經不需要將全副精力放在開車這件事上，而是用習慣，讓一部分頭腦自行運作來處理這件事？

1949 年，加拿大神經心理學家唐諾・海伯（Donald Hebb）提出了海伯定律－同步發射的神經元會連結在一起。每畫一次心智圖，就是重複啟動跟心智圖有關的神經迴路，透過不斷地重複，重複越多次，大腦神經元會隨時改變連結方式，好更有效率地去畫心智圖，神經學家稱為「長期增強作用」，畫心智圖的過程會漸漸變得自動化。

當重複出現的行為，連續持續七次以上，大腦就會自動化。表示我們已經形成了新習慣，而且我們已經熟能生巧，能輕鬆駕馭了。

想讓大腦養成自動化以心智圖方式進行思考，「持續練習畫心智圖」是養成心智圖思考習慣的關鍵步驟。

要多久才能學會心智圖？

我常被初接觸心智圖的人詢問：「我要多久之後，才能跟你一樣養成用心智圖思考的習慣？」

這個問題，我沒有答案。原因是我不知道你是像我當年一樣，勤勞地一天畫兩、三張心智圖？還是有一搭沒一搭地兩、三週才畫一張？

我覺得這個問題應該改成：「我練習畫幾張心智圖（練習多少次），才能跟你一樣養成用心智圖思考的習慣？」

我自己的學習經驗，跟我在教學現場觀察到的結果是大約畫 20 張左右心智圖就能達成大腦的自動化，大約畫 500 張左右心智圖就能達到精通心智圖的程度。

但還有一點要注意，練習的頻率很重要。

當年，我一天至少畫 2 張以上，大約在六個月內就完成了 500 張。如果你是三天捕魚兩天晒網似的頻率，也就是五天畫出 3 張心智圖，必須要超過一年半以上的時間才能完成 500 張。

你想想，我在第一個半年就已經達到精熟心智圖的程度，你卻在第四個半年才能達到精熟。在第二個到第四個半年間，我當然也不會什麼都不做啊，我依舊會繼續用心智圖來思考、來學習、來運用，我們就以倍數來看，不計入複利，等於是在第四個半年時我已經完成了四個精熟的程度了。

我要告訴大家，學習的初期採用越密集的練習頻率，越能讓你的能力在一年之後達到別人難以超越的階段。

圖表 1-8　練習頻率與時間的精熟程度

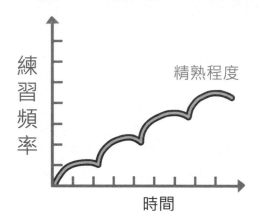

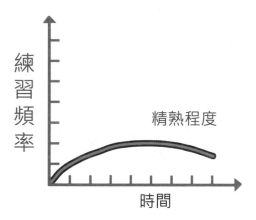

 金魚腦的我也能畫出心智圖嗎？

　　年約四十的涵涵來電詢問：「我看別人畫的心智圖都好棒，但我這個金魚腦也能畫出心智圖嗎？」

這是第二個只有受過中國傳統教育的人，才會問的問題！

心理學家馬斯洛常被人引用的一段話是：「想法形成行為，行為形成習慣，習慣形成性格，性格形成命運。」我認為「命運又形成觀念。」

我曾在網路上看到一篇故事：「當漁夫抓到一隻螃蟹時，他會將螃蟹放在竹籃子中並蓋好蓋子，以防螃蟹脫逃。但當竹籃子裡放入兩隻或是兩隻以上的螃蟹時，漁夫便不需要蓋上蓋子，因為當一隻螃蟹想要脫逃時，其他的螃蟹就會奮力的把牠往下扯，沒有一隻螃蟹可以順利脫逃。」

我不知道這則故事是真實的，或是網友捏造來鼓勵大家用的，但看完後，我不禁回想，生命中誰是扯我後腿的螃蟹呢？想來想去，發現是「我」，是「我」讓螃蟹有機會扯我後腿。

我以前覺得搭公車或捷運對我來說是一件好事，可以跟一起上下班的同事聊天，公車捷運族就是我們的命運。當我是機車族時，我又覺得騎機車好處多多，雖然偶爾我還是會搭公車捷運，但是我知道我不可能完全拋棄騎機車。

假設我沒有打破舊有的通勤習慣，去嘗試新的方式，那麼我真的會變成一輩子得依賴公車捷運的命運。很多時候，把自己限在困境的不是別人，而是害怕踏出舒適區的自己。

當我們了解自己想要做什麼後，別人其實依舊不了解我們想要做什麼，他人只會看到我們真正做到的結果。當你覺得自己是金魚腦，你就會困在金魚腦的命運裡。

另外，想法從我們腦中蹦出來，第一次叫創意，第二次重複一樣的想法就叫複製或抄襲，表示我們已經缺乏新意了。假設大腦是一個小孩的房間，房間空盪盪無法住人，於是我們要往空間中放入物品，隨著小孩長大物品需汰換，大腦也一樣需要不斷地輸入新知識與常識來汰換過時的知識、常識。

但大腦跟房間不一樣的是，舊物品對孩子的未來沒有用處了，但大腦的見識是以過去的知識、常識累積與轉化而來的，不斷整理大腦等於是加速累積與轉化的過程。即使同一個你，在不同時期畫的心智圖也不會畫成一模一樣，因為我們的頭腦會越用越靈光。

我們「學到」越多，自動會知道很多的「未知」沒有什麼好懼怕的，自動會產生勇氣與信心。美國神經學家詹姆斯・奧斯汀（James Austin）提出了「凱特林法則」（Kettering Principle）：「**運氣偏好那些採取行動的人，當你廣泛涉獵、積極行動，就會出現各種事件，行成『快樂的意外』。**」

 ## 心智圖適合我嗎？

這個問題是上一個問題的變形，所以我的回答是一樣的。

第 2 章

探索人生方向

06 畢業後，不知道要幹麼，如何找定位？

07 如何寫一份好履歷，每投必有面試機會？

08 怎樣自我介紹，才能讓人留下好的第一印象？

09 同時收到兩家公司的錄取通知，選 A 還是選 B 好？

10 不知道下個工作會不會更好，該不該轉職？

11 目前待的行業沒前景，要不要轉行？

12 確定要轉行，但不知道要轉去哪一行

13 想開店創業，自己適合當老闆嗎？

14 創業起頭難，從零開始如何準備？

06 畢業後，不知道要幹麼，如何找定位？

剛畢業的社會新鮮人，很容易陷在一種「我不知道我要做什麼工作？」的負面情緒中。

如果是一路順利升學讀到大學畢業 22 歲、碩士畢業 24 歲，表示過去人生中有 16 ～ 18 年都在念書，是當時生命中 70% 以上的時間，所以剛畢業的社會新鮮人不知道自己的職涯要往哪些領域發展是正常的！

「工作在生命中是什麼樣的地位？」

這個問題其實是問：「我們在生命中追求的是什麼？」每個工作的背後，都是一段對自己價值的看法。

發掘自我價值，這個詞彙聽起來好像很抽象、困難，現在要找出自己的定位，方法很簡單，只要花多一點時間想一想就好了，現在就動起來，用心智圖來盤點自己的想法與優劣勢吧！

我們可以先進行初階的分類，先從三個分類著手：

- **我想要的 v.s. 我不想要的**

物

7 實現理想人生

6 付諸行動

5 訂定計畫

4 設定目標

心

3 歸納出真正的理想

2 找出人生目標

1 發掘「自我價值」

- 我會的 vs. 我不會的

- 我被需要的 vs. 我不被需要的

　　我是否被需要的部分，與目前的職業別跟目前的職務需求有很大的關係，最好是依據不同的職業別與職務需求後分別製作不同的心智圖。

---

[*]　引述自《我不知道以後要做什麼》，豐田祐輔著。

這三種分類方式的重要性排序跟個人的價值觀有關，並無標準答案。某甲可能是：我想要的＞我會的＞我被需要的。某乙可能是：我想要的＞我被需要的＞我會的。

第一步：決定出「重要性」的排列組合

以 22 歲的企業管理系畢業的社會新鮮人清玉為例，她的重要性排序是：我想要的＞我會的＞我被需要的。

圖表 2-2　決定「重要性」的輕重

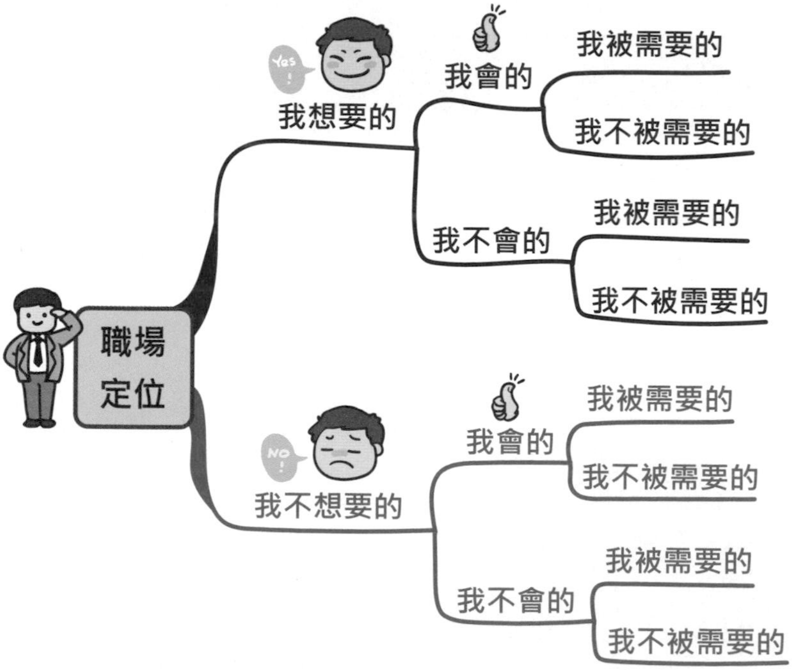

心智圖具有「找出盲點」功能，其整體架構很容易讓我們看出每一個想法在自己心中的輕重程度，越往中心主題靠近的關鍵字詞就是重要性越高的。

 ## 第二步：想想自己的對策

圖表 2-3　決定每種組合的對策

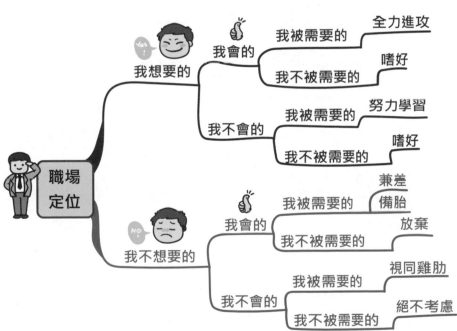

心智圖的「整理大腦」與「延伸想法」的功能，是融合了水平思考與垂直思考的特點，且整體畫面呈現出網路思考的結果，更容易讓我們看清楚自己想法的偏廢與不足之處。

第三步：濃縮選項

開始濃縮想法，這個步驟很關鍵，許多人找不到定位的原因正是「缺乏取捨」：無法「取」的人就用「捨」想想看；無法「捨」的人，就用「取」想想看。

值得清玉「此時此刻」投入時間，進行更深一層分析的組合為這些：

圖表 2-4　挑出想努力投入的對策

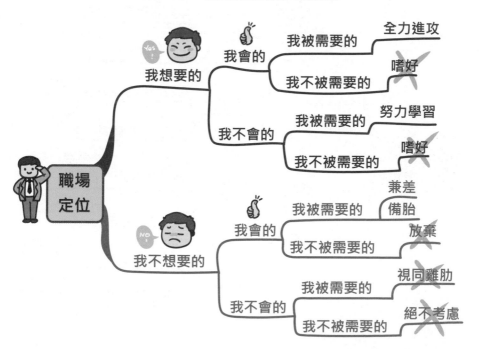

心智圖可以「優化想法」與「洞悉慣性」，讓我們更加理性去看待自己的取捨過程。

 ## 第四步：做出每項對策的心智圖

接著，將每項對策直接變成主題，化為三張心智圖，分別是「全力進攻的職場定位」、「努力學習的職場定位」、「備胎用的職場定位」。

請用正面的心態來製作心智圖，千萬不要局限自己的想法。你可以寫上行業別，也可以寫上職位或職稱。

多數人通常不太清楚「知道自己想要的是什麼」，但一定會「知道自己不想要的是什麼」，所以「備胎用的職場定位」的心智圖內容會很多，而另外兩張心智圖內容很少，這也沒有關係，畢竟這三張心智圖只是思考的起點，並非終點。[*]

接下來三張心智圖是清玉邊想邊畫出來的，肯定是比較雜亂的，不整齊。

---

[*] 這三張心智圖可說是「職場定位」主題下，所延伸出的「mini mind map」（意思是心智圖中的心智圖）。

圖表 2-5　全力進攻的職場定位

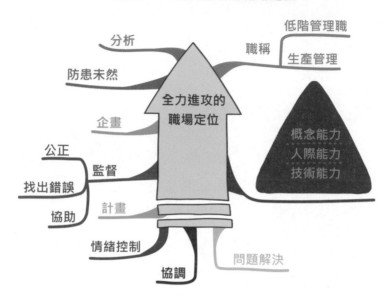

圖表 2-6　努力學習的職場定位

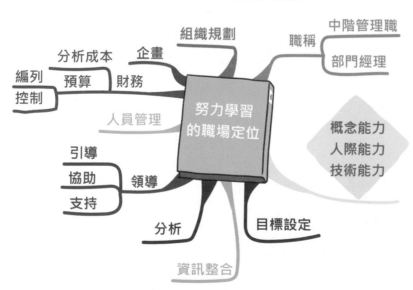

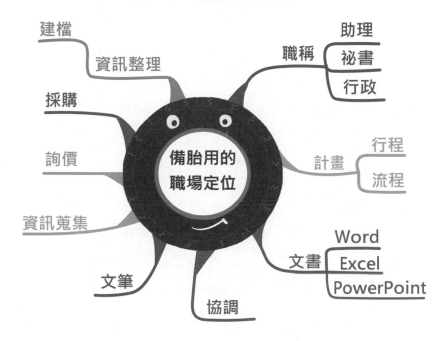

圖表 2-7　備胎用的職場定位

建檔

資訊整理

採購

詢價

資訊蒐集

文筆

協調

備胎用的
職場定位

助理

職稱　祕書

行政

行程

計畫

流程

Word

文書　Excel

PowerPoint

當腦中的想法混亂或片片斷斷時，請直接動手寫下來，一邊想一邊整理，就算心智圖架構混亂也沒關係，邏輯不完整也沒關係，現在是要運用心智圖的「思考可視化」的功用，讓我們逐一釐清來來去去地每一個念頭的重要性排序。

第五步：重新整理心智圖

重新整理心智圖，並放在工作時一定能見到的地方，做為自己每日工作時的燈塔。

　　清玉每天看著下列這三張心智圖，一方面不斷提醒自己要聚焦在這些事務上。而且每天面對自己想要獲得的遠景，是很開心的，每天都能為自己往目標邁進一點點而開心。

圖表 2-8　全力進攻的職場定位（重整過）

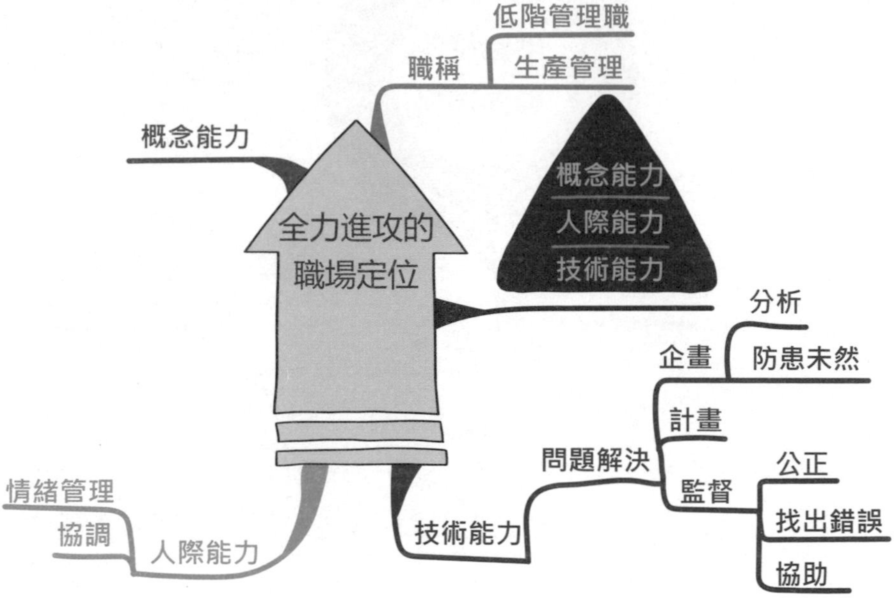

図表 2-9　努力學習的職場定位（重整過）

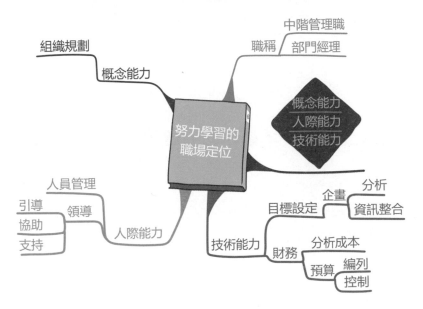

圖表 2-10　備胎用的職場定位（重整過）

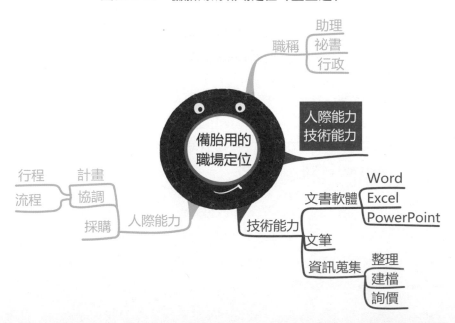

心智圖可協助「聚焦思考」，讓我們更加清楚建構各種能力的輕重緩急。放射狀排列的結構也讓我們能藉由上面所寫的關鍵字，更容易無限延伸想法，啟動「優化想法」的心智活動。

第六步：隨時增修你的心智圖

若採取一般條列式的筆記方式，會讓大腦產生一種已經終了的錯覺，當需要隨時增修時，就會出現版面混亂或是無法增加的困難，讓許多人變得較不願意繼續思考下去。所以我喜歡運用心智圖來進行分析與歸納，享受「延伸想法」、「洞悉慣性」的好處。

這世界上，絕對不會有人告訴你，找出自己的職場定位是很快速且容易的，若有人真的這麼說，那麼他肯定是經驗不足或沒有說出真話的人。我直接這麼說吧，每個你知道的知名人物，無一不是用一陣子的時間來找到一輩子的職涯道路，要不斷讓自己隨時審視自己的內心，是不是真心想要得到這些結果。

製作這類的心智圖，絕對不是一次或一天就能定案的，一定是反反覆覆，不斷地確認再確認自己的念頭。你必須花一陣子，隨時更動修改這三張心智圖，就能慢慢看到自己要走的路。為這件事情花一陣子的時間，是很划算的。

07 | 如何寫一份好履歷，每投必有面試機會？

　　我要打破你的幻想泡泡，絕對不會有一份完美的履歷，是讓你每投必中的，但你可以運用心智圖來幫你規劃履歷上應該呈現「什麼樣的你？」「如何呈現你？」盡可能地針對想要求職的目標達到每投必中。

　　各行業、各職位、各職稱所要求的能力都不盡相同，所以你必須為每個職位量身打造一份履歷才行。也就是要針對想要求職的職位，客製化你的履歷。

 ## 第一步：了解履歷需要有什麼資訊

　　我們先運用水平思考的方式，想想如果你是一家公司的老闆，你會希望在書面履歷上先知道哪些訊息。

　　大體來說，履歷上必須呈現這幾個部分。

A.連絡方式

B. 最高學歷

C. 相關經歷

D. 具體成就

E. 專長

F. 相關證照

G. 語言能力

H. 電腦能力

I. 未來期許

 ## 第二步：列出吻合職務需求的相關細節

開始發揮垂直思考，在每條主脈的後面寫上細項。細項內容並非越多越好，而是要能切中該職務的需求。請注意所寫到的項目都必須與職場上的職務有相關性，這些部分就是心智圖的支脈。

這個步驟的重點是找出自己吻合該職務的特質，與具體化該特質，好讓人易理解你的特質。這一張是給自己看的草稿，我們可以先不考慮用字修辭美不美，只要先把想法寫下來，以後再修飾語句就好。

22 歲的小芳，剛從大學畢業，除了讀書寫報告，與人進行大量

交流的經驗只在打工與社團活動中。因為對人際互動相當得心應手且感興趣，想要應徵某傳產公司的行銷專案助理的職缺，但自己絲毫沒有任何業務行銷經驗，於是小芳在製作心智圖時，強調自己在人際互動與溝通方面的能力，也凸顯自己的文書與行政處理能力。

有些人可能會想要先看別人已經撰寫好的內容，但我覺得在自己尚未先釐清自己的優勝劣敗前最好不要這麼做，避免產生一種完美主義的心態，而覺得自己樣樣輸人，會更難以下手找出定位。

小芳依據前述的項目，以心智圖的方式來延伸自己的思緒，在繪製的過程中，她感受到自己原來有能力做的事情有這麼多！而自己過去做過的事情，其實是有一定的分量的，絕對不是輕如鴻毛的一段經歷。自信度提升了不少。

從這樣的心智圖內容中，小芳也看出自己的感性程度大於理性程度，打算繼續從事可以跟人群大量接觸的職位。有了這樣的決心，小芳相信自己在面試時更能讓面試官看出自己的熱情與決心。

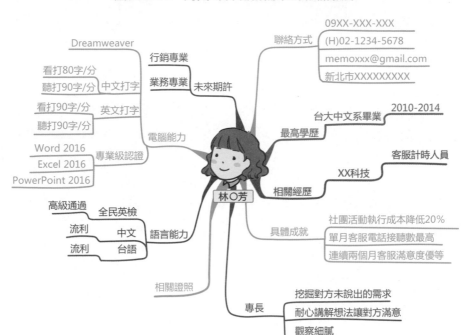

圖表 2-11　列出吻合職務需求的相關細節

心智圖將「思考可視化」，更容易讓我們同時「兼顧理性與感性」。

 ## 第三步：優化履歷

到了這時，你才可以去看看人力專家教導如何寫履歷的網路文章，他們會教你如何修飾履歷內容，讓自己的履歷更優化。

切記！履歷表可不要超過一張 A4 尺寸，否則反而會讓你的眾多特點變成沒有特點。

08 怎樣自我介紹，才能讓人留下好的第一印象？

心智圖運用在目標設定上是很棒的工具，我們可以把「如何向對方介紹自己」當成是一個目標，用心智圖來逐一刪減與分析出適合的內容。

第一步：確認目標

分析想要達成何種目標。請先確定這三點：

A.你想讓誰對你有好印象呢？

B.你想讓他（她），記住你的什麼特質呢？

C.你想讓他（她），跟你產生哪方面的互動呢？

第二步：凸顯自己的個人魅力

　　明天 23 歲的黎秀就要獨立進行新客戶的第一次拜訪了，她想要讓明天的接待窗口對自己印象深刻，希望對方能肯定且相信自己會盡最大的能力來幫助客戶解決問題，也希望對方能將自己放在第一供應商的名單中。

　　黎秀自身的口語表達是很有魅力的，但理性程度稍嫌不足，與客戶溝通時，常讓客戶感覺很開心，卻對黎秀的執行力稍微質疑，因此黎秀思索著自己與客戶之間有哪些交集點？過去有哪些實戰經驗可以拿出來讓客戶對自己更有信心？另一方面，黎秀也是想要再度凸顯自己的個人魅力，讓客戶能對自己的專業形象讚不絕口。

圖表 2-12　自我介紹

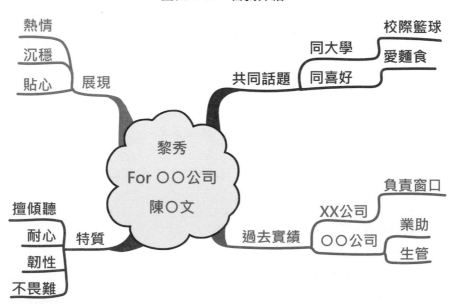

你可以將這張心智圖想像成作文的大綱，我們可以先寫下抽象的念頭將「思考可視化」，再用「垂直思考」慢慢調整文字，讓念頭更加具體化。

　　製作完成後，黎秀看著這張心智圖，心中打算明天要用最開朗的笑容，這麼說：

　　陳先生，很開心見到您，我是黎秀，聽說我跟您是同一所的大學耶。很開心遇到同所大學的學長！

　　之前我待過××公司擔任代工廠的連絡窗口，後來到○○公司擔任業助與生管，半年前我到這家公司做業務。我很喜歡業務這個工作，讓我可以聽到很多客戶的聲音，也讓我有機會可以動動腦想想怎麼幫客戶解決問題。也讓我發現原來有很多客戶都跟我一樣喜歡吃麵食耶！

　　以後貴公司就由我來擔任負責窗口了，希望陳先生，您以後能多多給予我機會！

09 | 同時收到兩家公司的錄取通知，選 A 還是選 B 好？

　　工作時間占掉一天的三分之一，就把這兩家公司當成是兩個人，他們同時向你告白，你想要跟誰長時間相處呢？你想要跟誰發展出更密切的關係呢？

　　會在這個問題上糾結而無法下決定，必是這兩家公司對我們來說是平分秋色；或是兩家公司的優點都是我們極度想要的，且兩家公司的缺點都是可有可無或我們極度不想要的。

　　用心智圖進行分析的好處，是可清晰看出每一細項的輕重程度，對於下決策很有幫助。

第一步：先列出你想要的工作狀態與條件

　　自己在意的部分，一旦不被滿足，必定心生抱怨；自己不在意的部分，就算不被滿足，當然也無所謂。

　　對某些人來說，知道你想要什麼，可能是選工作的風險中最困難的一步。我們若想得到更好的工作，首先要釐清自己想要從工作

中獲得什麼。這一點不確立的話，就等於是缺乏評估的標準。

艾利森・薛格（Allison Schrager）是風險顧問公司「生命週期金融夥伴」的共同創辦人，是哥倫比亞大學經濟學博士，專長在退休和未來勞動市場，她建議我們以下列三步驟來幫助確立「想要什麼」：

A.你的最終目標是什麼？

B.有哪些條件能保證你順利達標？

C.你需要承擔多少風險才能得到想要的？

第二步：列出公司的現狀與未來

每一部分都會有優點與缺點，先以「水平思考」列出哪些部分是自己在意的。

我們是否能選出令自己滿意的公司，其實不在於選擇哪一家公司能獲得最大的條件，或付出最少的條件，而是我們知道自己可以承受與付出哪些「明確的風險」。

哥倫比亞大學經濟學博士艾利森・薛格在她的著作《為什麼便宜的機票不要買》（*An Economist Walks into a Brothel*）提到，風險分成兩種，一種是獨特性風險，另一種是系統性風險。A 公司是目前的熱門產業，產業熱門不熱門就是一種明確的風險，是 A 公司的獨特性風險。

當全球景氣衰退時，不管是 A 公司所在的熱門產業或 B 公司所在的成熟產業，都可能會大裁員，這是系統性風險，系統性風險是個人能力難以預防的，此時建榮不需要將系統性風險納入考慮因素中。

28 歲的建榮要轉職，兩家公司所提供的工作內容差不多，建榮認為轉職後的人際互動也很重要（這屬於獨特性風險），但是人際互動的好壞得就職後才能實際感受到，所以這一點就不列入考慮因素中。

先列入我們能掌握到的獨特性風險（缺點），與有形或無形報酬（優點）就好。

建榮列出目前已經得知的內容如下：

圖表 2-13　A 公司

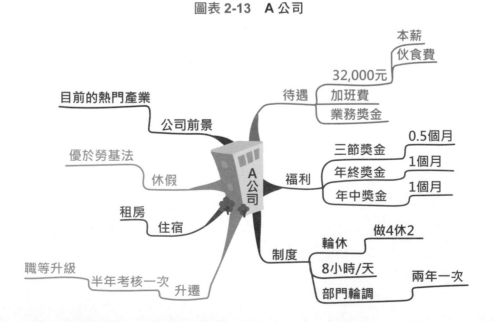

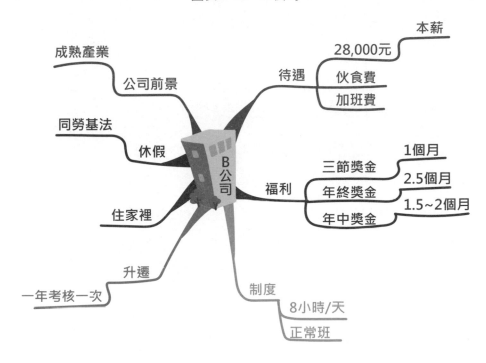

圖表 2-14　B 公司

成熟產業
公司前景
待遇
本薪
28,000元
伙食費
加班費

同勞基法
休假

B公司

住家裡

福利
三節獎金　1個月
年終獎金　2.5個月
年中獎金　1.5~2個月

升遷
一年考核一次

制度
8小時/天
正常班

以心智圖來進行「整理大腦」時，可以協助我們「找出盲點」。

 ## 第三步：理性評估

　　遇到有所不足之處，盡量再去探索詢問，目的是要找出綜效最高的公司。當然要選「該公司的優點」最好正是我們心中認定的重要程度高的條件，「該公司的缺點」正是我們心中認定的重要程度低的那些條件。

人性是在意風險大於報酬，在意缺點大於優點，也就是避凶大於趨吉，所以面對缺點時，要更加理性評估該缺點在我們心中的重要性如何。[*]這時，心智圖幫我們「洞悉慣性」。

建榮心中的「想要的」，也就是「趨吉」排序是：

成長機會＞學習機會＞每月可存款金額＞人際互動＞工作地點

建榮對於兩家公司所提供的薪資福利都很滿意，去 B 公司應該可以讓每月花費更少，但建榮更在意的是公司未來的發展性，與自己能否從工作中學習到可幫助未來更好的能力。所以建榮決定給自己兩年的時間去 A 公司就職，探索職涯可能性。

因為心中已經確定了用兩年的時間嘗試，所以建榮能心無旁騖的專注於 A 公司的工作中，不會騎驢找馬。萬一兩年過去了，在 A 公司中的職涯發展不如預期，那也沒關係，畢竟透過這次的求職與兩年的嘗試，建榮會更認識自己，也知道自己的能耐深淺度。

---

[*] 在小型企業規模內的工作滿意度會較高，是因為管理方式（相較之下）：較有人性，允許更多的自主性，跟所提供的產品或服務較直接接觸。引述自《你的工作該耍廢，還是值得拚？》（*Le boulot qui cache la forêt*），米凱・蒙戈（Mangot）著。

10 不知道下個工作會不會更好，該不該轉職？

人生的最終目的，就是追求幸福快樂。對現狀感到滿足，就會感到幸福快樂。

我對「成功」字詞的定義是：達到目標。也就是只要你達到你想要的目標，你就是「成功的人」。從這定義來看，成功者一定是幸福的人。*

密西根大學教授布蘭特・盧梭（Brent Russo）與耶魯大學教授艾美・瑞斯尼斯基（Amy Wrzesnieski）在 2010 年找出這些心理機制有助於塑造出工作有意義的感覺：**

1. 真實性——工作和本人的想法有一致性

2. 自我效能——覺得自己有足夠條件推動事情進展

3. 自尊

---

* 有錢的人，僅是財務上的滿足，但內心可能仍有某些未達成的目標，所以才會說：「有錢不一定會帶來幸福快樂。」

** 引述自《你的工作該耍廢，還是值得拚？》，米凱・蒙戈（Mangot）著。

4. 終點（目的）──自己認同此工作的意義

5. 歸屬感

6. 超越──能超越過去的自己

7. 社會文化結構──接受他人賦予的工作意義

　　會出現想轉職的念頭，肯定是現狀不滿意。面對轉職，大家都希望能得到「零風險」的選項，但每個人的「零風險」都不一樣。多數人在意識到需要改變時，往往會「為了冒險而冒險」，但在缺乏明確目標下，這種冒險很難獲得個人成功；另外在需要改變時，維持不變看似是「零風險」的選擇，卻也無法讓我們達到個人目標而成功。

　　年過四十的宜心在目前公司中滿三年了，工作得心應手，只是工作量很大，需要常加班，自己的體力肯定是隨年齡增加而衰退，不希望自己老是常常在加班，不僅跟家人或朋友的相處時間少，給自己的進修與獨處時間也很少，有點憂心自己的工作情況會一直這樣延續下去，不想讓自己未來 20 年繼續犧牲個人生活時間下去。

　　人性對於避凶的重視度大於趨吉，換句話說，面對缺點帶來的不舒服遠大於優點帶來的快樂。那麼我們就先從不滿之處下手吧！

第一步：列出對公司的不滿與滿意之處

用前述七點來分析製作「我對現在的工作有何不滿」與「我對現在的工作哪裡很滿意」的心智圖，宜心很快速地完成自己對公司不滿之處的心智圖。

圖表 2-15　列出對公司的不滿

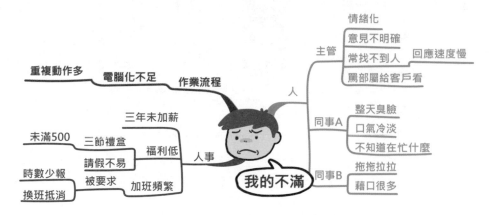

宜心對於公司滿意之處，其實比較多是在跟同事的相處上，對於工作任務很少著墨，對於人事方面，也僅對能直接拿到錢的公司福利感到滿意。繪製此張心智圖時，宜心是帶著笑容的。

圖表 2-16　列出對公司的滿意之處

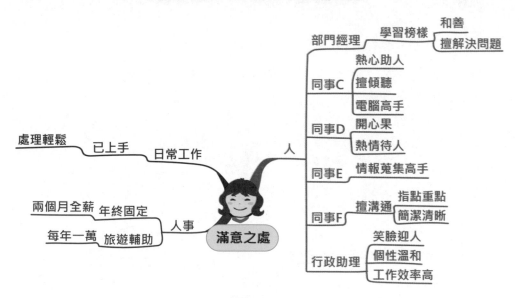

心智圖的「聚焦思考」功能，可以幫助我們在思考時不斷地專注在眼前的主題上，減少念頭來來去去，或是失焦的想法。

第二步：為自己的工作打分數

依照個人的重視程度，重新整理這兩張心智圖，重視度最高的放在第一條脈，依序遞減下去，最不重視的放在最後一條脈。

若工作越吻合我們看重的價值觀，我們對於該工作就會越滿意。所以，我們也可以想想自己較看重的價值觀跟不看重的價值觀，一一核對目前的工作，在哪一張心智圖上的吻合條件最多。

多數人會假設自己的價值觀排成一列下來，應該是從一級分到十級分，是常態分布。其實不然，根據統計學上的經驗，應該是像長尾理論的偏態分布。[*]

圖表 2-17　長尾理論的偏態分布

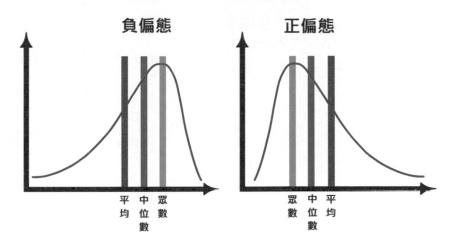

我們在整理時，可以這樣分類，第一條脈是十級分的重視程度，第二條脈是九級分的重視程度，以此類推下去，不過我們不太可能會畫出十條脈的心智圖。

宜心將上面的兩張心智圖並陳於桌上，從重視程度的視角切入，自己對於工作做來得心應手是十分滿意的，因為得心應手，所以覺得手上的工作都很輕鬆簡單，自己也不打算再去挑戰更有難度的工作任務。接著重新繪製出下頁這兩張心智圖。

---

[*]　《長尾理論》（*The Long Tail*），克里斯．安德森（Chris Anderson）著。

圖表 2-18　對公司滿意之處的排序

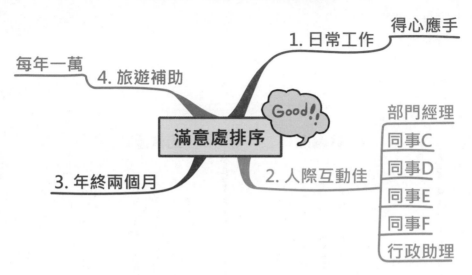

圖表 2-19　對公司不滿的排序

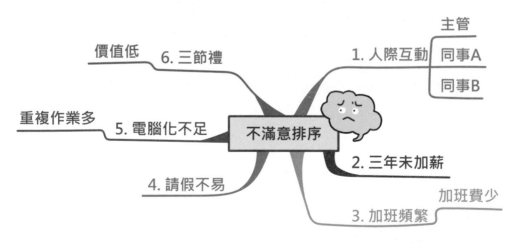

　　用心智的照妖鏡來進行「整理大腦」時，可以協助我們「找出盲點」與「洞悉慣性」。

第三步：比較兩張心智圖，理智做決定

將兩張心智圖並列，先一起閱讀，再理性下決定！

宜心看著這兩張心智圖後，決定未來這一年內不換工作了，因為轉職的賭注太大，現在工作任務輕鬆簡單，同事們的個性與彼此的地雷也已經都摸清楚了，面對自己討厭的主管與同事 A、B 相處起來已經有固定的模式，雖然很討厭這三人，但是跟自己相處愉快的同事可是超過十人以上呢，何必為了這三個討厭鬼而放棄已經上手的工作！

至於加班時間與加薪部分，經過這樣一步步自我分析下來，其實自己還是比較在乎加薪的，如果薪水較高，但要繼續加班的話，自己是能接受的。考慮到現在世界並非處於景氣擴張期，宜心決定給自己一年的時間先去找找外面的工作，如果能找到同樣要大量加班但薪水比現在高 3 成的工作，就向主管提出加薪要求，如果公司仍不願意同意加薪，那就立刻轉職。假設一年下來都找不到薪水高3 成的工作，那就放棄轉職的念頭。

11 目前待的行業沒前景，要不要轉行？

　　轉行，對社會新鮮人、銷售業務、財務會計、人事管理、行政助理來說是比較容易的。

　　對於已經具備某行業內的專業技能工作者來說，轉行等於是推翻過去的專業累積，然後在全新的地方重新開始。工作年資越久的知識工作者或專業職人，過去累積的包袱越來越重。

　　「現在的行業正在走下坡啊，我現在不轉行的話，就越來越難轉行。」

　　「剛轉行總是得付出更多心力與時間，累積新行業的專業技能，家人能不能在這段過渡時期中支持我呢？」

　　「轉行的話，我就得從頭學起了，我真擔心收入會不如現在啊！」

第一步：列出自己在意的項目

列出轉行後的事、時、收入、支出、優點、缺點等自己所在意的項目，好好用心智圖來「整理大腦」。

職業婦女真真，考慮到孩子花費越來越高，自己跟老公的薪資也不太可能會再調高，於是真真挑中了自己感興趣也漸漸成長的月嫂行業，決定運用心智圖來思考，要不要轉行去做月嫂這件事。

圖表 2-20　分析月嫂職業

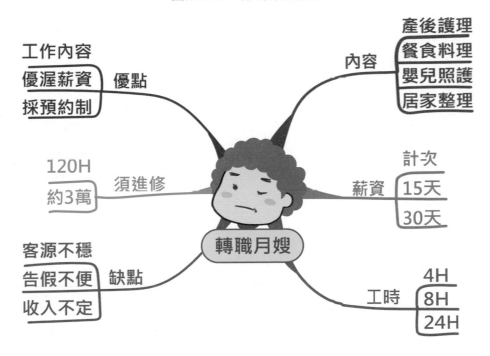

第一條脈：從「事」出發開始思考，列出月嫂有那些工作項目，方便一一思考自己是否喜歡。

第二條脈：從「收入」出發開始思考，列出各種計算方式。

第三條脈：從「時」出發開始思考，列出各種時段方式。

第四條脈：從第一條脈的內容延伸出來，列出各種缺點。

第五條脈：從第一條脈的內容延伸出來，列出待加強進修的部分所需要的花費。

第六條脈：從第一條脈的內容延伸出來，列出各種優點。

 ## 第二步：看著心智圖，開始做決定

真真發現若現在就轉行，一旦小孩生病，反而無法請假去照顧自己的孩子，必須等小孩上幼稚園後，婆家可以成為後援，那時才能轉行。另外，進修課程的天數都很長，目前難以為了進修而請假或是託人照顧孩子。結論是，目前還不能轉行去從事月嫂工作。

12 確定要轉行，但不知道要轉去哪一行

經過了本章中 ⑥ 跟 ⑪ 的分析後，你需要考慮的行業絕對不會超過五個。

心理學實驗證實這兩點：第一，選項越多越好，人性喜歡豐富的選擇性。第二，過多的選項反倒讓我們更難下決定，而乾脆不下決定，或是直接選擇看起來比較容易接觸到的選項。

古代中國人用「三」來表示多的意思，所以我提供以下幾點，請你仔細思考，幫助你再刪選一次，將你需要進行分析的行業限縮在兩個選項。

 ## 第一點：用職位來思考

從行業別來考慮會有個盲點，行業中的個別偏差可能很大。我所謂的偏差，指的是在該行業中個別化的差異程度。例如：全職的英文補習班老師，有分成幼兒美語、兒童美語、成人美語，薪資區間、課堂活動方式等都不一樣。從行業別來考慮，倒不如從該行業

中的職位來考慮。

目前你對該職位的職務內容了解多少？撇開其他因素，單就興趣角度來看，你想一直從事這項職位到 65 歲退休嗎？

 第二點：考慮學習專業的成本

有些行業中的專業人員需要有證照當作入門磚，有些行業不需要。例如金融保險業、醫療照護業、幼兒保育業等都需要有證照或是執照才能從事。從事公職也需要考試。

而英文補習班老師，只要教學技巧好與班級管理好，是不用依賴證照也能獲得高薪的。

你願意花許多時間準備考試以取得入門磚嗎？也就是進入該行業前所付出的成本比較高，你願意還沒賺到錢之前就先付出這些時間與考試成本嗎？

 第三點：是否要成為跨行人士？

你想要成為單一行業的專業人士？還是可跨領域、不同行業別的專業人士？

例如：每個行業都需要會計人員、行政管理人員，從事這些工

作就能跨行業別，選擇未來趨勢中的行業，薪資待遇較容易跟著水漲船高。

如果你是日文老師，因為日劇退燒、韓劇崛起，你的目標市場會縮小，但你並非能立刻轉換成韓文老師。

單一行業中的專業人士，比起可跨行業別的專業人士來說，獨特性風險較大，因為承受的風險較大，相應的也會得到較高的報酬。你願意承受高風險以獲得高報酬嗎？

第四點：行業的系統性風險

該行業與系統性風險的相關性有多少？你願意承受多大的系統性風險？

景氣好，經濟蓬勃發展時，建築房產業、零售業、服務業的工作需求量大，往往「事求人」，容易有進帳。但這些行業與系統性風險呈現高度相關，當景氣下滑時，購買需求薄弱，立刻變成「人求事」，失業率高升。

公職與系統性風險呈現低度相關，薪資起伏與景氣起伏程度的相關性很低。換言之，公職人員承擔很低的系統性風險，景氣好時，公職人員獲得的報酬就不如前述的行業，即使是具備高技能的公職人員，通常年薪仍會低於私人企業的同行。但景氣不好時，公職人員也不會失業，也不會被要求減薪。

第五點：職務被取代的風險

該行業與該職位的系統性風險高嗎？

1. 該行業消失的可能性高嗎？現在的汽機車修理人員，未來可能會走上鐘錶修理師的命運。因為電動車未來會全面取代汽柴油車，現在累積的修車技能等於全面報廢。現在才想進入汽機車修理業的人員，你必須有修理汽柴油車的技能才能養活現在的自己，也必須開始充實修理電動車的技能才能養活未來的自己。

2. 該職位改由機器人或 AI 人工智慧來處理的可能性高嗎？當人類被機器人取代後，我們就無法再於此職位上找到更好的工作條件了，甚至也找不到工作了。

　　理論上，若你對想要從事的目標行業與工作內容，已經有一定深度的了解，那麼只要分別各畫一張心智圖，再冷靜思考下判斷就行了。實際上，我們需要花不少時間去詢問多位該行業中人，慢慢補齊這兩張心智圖，才能讓我們不會因為資訊的偏差而後悔。

　　評估轉行風險的合理方式是考慮所有的可能性，並依據個別情況發生的機率一一給予權重，如果可能性結果的總和正是我們要的，那麼就能大膽冒險。

　　但我們不是機器人，我們就是會對某些事情給予比較高的情感，而忽略權重。例如：即使你計算出來的結果是 B 行業的積分比 A 行業好，如果已經有人邀請你去 A 行業就職，你可能會覺得轉到

A 行業後結果比較美好；或是不斷有人告訴你 B 行業很糟糕，你可能會覺得轉到 B 行業後結果比較不美好。這正是受行為經濟學家所提出的「風險趨避」與「展望理論」的影響。請自行注意！ *

 ## 第六點：先兼差試試嗎？

兼差者的人性是這樣的，如果主要工作收入是滿意的情況下，會願意接受較低的薪水做兼差工作。反之，對主要收入不滿意的人，會要求比較高薪資的兼差工作。

兼差者對手上所有的工作，是滿意或不滿意，取決於自己如何管理工作。如果自己覺得執行工作的資訊有匱乏感時，就會覺得不滿意。如果自己在生活上的作息跟一般人不一樣，也容易感到孤獨或是不如人。**

近幾年因為科技支援「零工經濟」的發展，正逢《斜槓青年》一書爆紅，許多人把「斜槓」跟「零工」混為一談。

我要提醒大家，不是每個人都適合過著斜槓人生。話講重一點，應該是華人社會中只有少數人適合過著斜槓人生。斜槓人生是多財源管道人生，但不保證是多金人生。

---

* 行為經濟學是結合行為分析理論、經濟運行規律、心理學、經濟學的實用性科學。其中的「風險趨避」與「展望理論」由加州大學柏克萊分校經濟學教授馬修‧拉賓（Matthew Rabin）提出。

** 引述自《你的工作該耍廢，還是值得拚？》，米凱‧蒙戈著。

　　「斜槓」是根基於追求內心滿足，而採取的多職工作方式，以個人興趣為驅動力；「零工」就是「兼職」，是根基於追求擴大收入來源，而採取的多職工作方式，以增加金錢為驅動力。

　　我們得小心一點，別被某些在網路上一直鼓吹「斜槓」的教練或講師給誤導了，他們多數是可能是無心地或是有意地斷章取義「斜槓的意義」，好用來教人「打零工」，並不會讓想要「斜槓」的人在未來越做越快樂的。

　　我建議想要進行「斜槓」的人，請自行仔細閱讀《斜槓青年》這書（別光聽別人說書或是轉述，你會漏掉很多重點觀念的），裡面有提到很多斜槓者的真實生活，你再來評估自己適不適合走向斜槓人生。

圖表 2-21　分析風力發電的業務工作

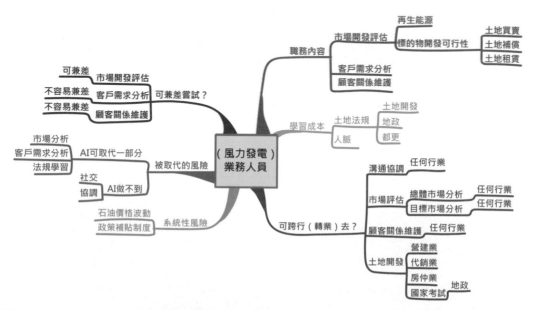

13 想開店創業，
自己適合當老闆嗎？

　　我想先戳破大家的第一個幻想泡泡——因為對於現有工作的安全感需求與自主需求無法被滿足，故而想要創業的人，請你千萬不要貿然遞出辭呈。

　　多數人都不是 1％的超人，都是 99％的普通人。就平均而言，同一行業中的創業者比工薪者，淨收入較低，工時卻較多，但對工作滿意度卻較高。

　　創業者對工作滿意較高的原因是可以自主做決定、覺得自己能掌控事情、覺得自己完全能發揮才能、可以彈性調整工作組織。

　　而有聘請員工來協助業務的創業者會比單打獨鬥的創業者，對於工作與生活更加滿意。*

　　如果你是一個謹慎行事的人，在還沒有準備好能夠聘請員工的創業資金前，最好別立刻創業。

　　我要戳破大家的第二個幻想泡泡，有很多人一定會這麼想：先

---

* 引述自《你的工作該耍廢，還是值得拚？》，米凱‧蒙戈著。

知道「當老闆的條件」，再看自己是否具備這些條件？然後開始搜尋講述這部分的網路文章跟書籍，或是聽聽創業者的經驗談，看看有沒有對到自己的特質或條件。我直接告訴你吧，你這麼做是徒勞無功的！原因有二：

第一，根據行為經濟學的稟賦效應，你會誇大自己已經擁有的條件其導致你創業成功的機率（比重）；也會縮小自己不具備的條件其導致你創業成功的機率（比重）。

第二，搭著趨勢風頭，猛然而飛的創業家，會誇大自己的特質對於創業成功的影響力（這些人通常是公司成立不超過 13 年，還沒有經歷過一次完整的景氣循環的創業家）。創立一家超過 30 年的創業家，常會將創業成功之因歸於自己的幸運。[*]

2018 年麻省理工學院（MIT）等美國頂尖商學院教授領軍的一份人口普查數據的研究發現，金字塔頂端 0.1％的公司，創辦人的創業平均年齡是 45 歲。而且，若 50 歲才創業者，成功機率要比起 30 歲多出近一倍。[**]

---

[*] 受到倖存者偏差（survivorship bias）影響，這是一種邏輯上的謬誤。二戰期間美國哥倫比亞大學統計學教授亞伯拉罕・沃德（Abraham Wald）發現。過度關注「倖存了某些經歷」的人事物，忽略那些沒有倖存的（可能因為無法觀察到），造成錯誤的結論。因為失敗被忽略，可能導致過度樂觀的信念。

[**] 2019 年《商業周刊》1657 期報導。

第一步：先想想這些問題

我的「賭性」有多強？

我遇過 A 老闆是心中有五成把握就衝了，B 老闆是心中有七成把握就衝了。C 老闆心中能接受三年都賠錢，第四年達到損益兩平，D 老闆心中能接受一年賠錢，第二年達到損益兩平。

我的「財力」能支撐做夢多久？

我遇過 E 老闆的財力是能接受三年後成本回收，F 老闆的財力是一年後必須成本回收。

這兩個問題跟自己的心理素質有關，決定我們在創業之路上能堅持走多遠。等於是先在自己心中設下一個界線，未達界線前我們若遇到任何挫折時，才不容易輕易放棄。

反之，若挫折已經大過我們能承擔的程度，這家公司就是一個大錢坑或是破壞身心靈健康的腫瘤，請立即割捨吧！跟股票投資一樣，這條心理界線就是心理能承受的停損點。*

我具備創業精神的根源──好奇心了嗎？

澳洲新英格蘭大學心理學教授妮可拉・舒特（Nicola Schutte）

---

* 這跟稟賦效應也有關係，我們會很捨不得已經付出去的沉沒成本，而緊抱著這個大錢坑。

和約翰・馬洛夫（John Malouff）研究證實，人類越好奇，越有創造力。

還沒找到自己想做的工作職位就轉而想要創業的人，或是一心一意就是想要當老闆的人，就得看看自己的好奇心夠不夠，好奇心的強盛也會決定創業之路能走多遠？

美國民調中心蓋洛普（Gallup）研究，創業家有著好奇的特質，故比一般職人更懂得學習、嘗試沒做過的事情。好奇心激發創意，創意激勵創業家精神。

第二步：分析自己具備的專業能力

請依據該行業該具備什麼樣的專業能力，一一分析自己。

創業之路，絕對不是你想像中的直線捷徑，而是蜿蜒迂迴不停的披荊斬棘之路。

美國人文與科學院（American Academy of Arts and Sciences）創辦的雜誌《戴達勒斯》（*Daedalus*），是一本很受人敬重的雜誌。對「專業」（profession）的定義，是要同時具有六個特徵：

1. 忠於客戶的權益，以及整體社會的福祉。

2. 擁有淵博的學識與專業知識。

3. 有一套特殊的專業技能、實務與表現。

4. 有成熟的能力，能在道德不明確的情況下，依誠信正直做出道德判斷。

5. 做事有條有理，能從經驗當中學習（獨自學習或集體學習），因此，也能從實務當中逐漸累積新的知識。

6. 能發展出專業社群，確保實務上與專業上教師的素質。

專業的基本特徵，是以負責、無私、明智的態度來執業。還要在專業團體與社會大眾之間，建立應有的倫理關係。

老闆，本身也是一種專業，前述的六項特徵，我們是否擁有？

千萬不要沉迷於「老闆」這個名號而創業，多數人口頭上會說自己有多羨慕「當老闆的人」，但私下一律心知肚明要用「他是什麼樣的人」來衡量老闆，而不是用「他擁有的東西」來衡量老闆。

自己的專業能力，決定我們在創業之路上能不能少繞遠路。

 ## 第三步：如何補足自己的缺點？

自身專業能力不足之處或力有未逮之時，有他人可以彌補嗎？

每次我上課問大家：「你猜，根據研究，是發揮自己優點的人，

還是彌補自己缺點的人，哪一種人更容易成功？」

大家都說是：「發揮優點的人。」但大家回到工作上，就又開始花時間想辦法去彌補缺點，而不是發揮優點。

十幾年前我創見了時薪概念的時間管理觀點，於是我常說：「要花錢買時間，用時薪概念來思考這件事情值不值得你親自來做」。就是要你把你不擅長的部分外包給比你專業的人士來處理，這樣才能達到最高的時間綜效。

《窮爸爸富爸爸》書中有一條財富自由的必要條件是「有錢人不為錢工作」，這句話真正的意涵是，有錢人不看眼前短利而看長期利益。找比我們更專業的人來處理我們不擅長的事情，我們賺得好心情，又能獲得好成果。

身為老闆必須懂得授權給更專業的人，創業者的一天也只有 24 小時，不可能事必躬親，否則身體不是累壞，就是心理累出病來。

如果找到更專業的人，我們卻沒有錢聘請對方，那麼請先努力去募資吧！

如果還沒有找到可以彌補己身不足的人之前，請不要輕易創業，就算你荷包滿滿的，也不要創業。畢竟得有兩個以上的 B 級人才，才能取代一個 A 級人才所帶來的綜效。

37 歲的俊賢，手上累積了一筆錢，也對於自身行業有十年工作經驗，想知道自己能不能獨資創業當老闆了。於是我要求俊賢畫張心智圖給我看。

我要求俊賢的心智圖主題刻意寫成「我該當老闆嗎？」，而不是「適不適合當老闆？」第一種問法，意味著在某些條件下，我可以當老闆。第二種問法暗示著我有沒有能力當老闆。

圖表 2-22　分析自己適不適合當老闆

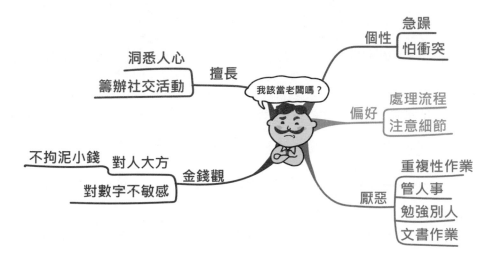

　　俊賢畫完了心智圖後，豁然開朗，發現自己只要能找到能彌補自己缺點的副手、擅長做自己討厭事情的副手，其實就可以創業了。

14 創業起頭難，
從零開始如何準備？

你跟成功的企業家，只有相差 0.5％而已喔！

美國約翰‧霍普金斯大學（The Johns Hopkins University）神經科學家約翰‧克拉考爾（John Kralwuer）後來成為了動作技巧發展專家，他說：「人類彼此有 99.5％的基因是相同的。」

美國專業記者學會最佳科學與健康報導獎的記者卡拉‧史塔爾（Karla Starr）研究如何更有效的訓練，說：「每個人的基因與偏好不同，對相同的訓練、環境或動機，會出現不同的反應。」如果你是天生合群，需要有人來鞭策你謹守責任，那麼免費的線上課程對你將毫無作用，你不用對這樣的結果感到意外。

基因讓人容易達到某些成就，但過程還是需要耗費時間和金錢。發展專業是一種投資，創業也是一種專業。

這張心智圖可能需要好幾個月的時間陸續填寫才能完成。沒關係，先從你已經學會的或擅長的部分開始繪製，能讓你有足夠的動機撐過摸索期。

完成後的心智圖也可能是內容龐大且複雜。沒關係，我們可以將之拆解成各種「mini mind map」（心智圖中的心智圖）。

第一步：詢問有相關經驗的人

找有創業經驗的人（保險與直銷並不算真正的創業），詢問經驗，並整理成這三張心智圖。

32 歲的明祥打算離開軟體設計公司，自行創業開設針對國中生升學的英文家教補習班，雖然自己過去曾經在學校社團與宗教組織中進行實際的英文教學工作，但畢竟純粹當英文老師跟開英文補習班有著本質上的不同，所以明祥請教前輩時都會先明確告知對方，自己想要建構創業初期有一間 15 人教室，自己是唯一的英文老師，期望未來能擴大成為一家有三間 15 人教室的家教補習班。

這些前輩可能是不同年份或不同社會經驗下創業，創業過程肯定有大同小異之處。若要我來做的話，我會至少找三個以上的前輩，不一定都是開設英文家教班的前輩，也可以找數學或是理化科的，交互比對不同前輩的經驗，並彙整成心智圖。

人類生存的元素是空氣、陽光、水，經營公司的元素是事、人、財。明祥以這三種角度去詢問前輩，並繪製這三種主題的創業心智圖：創業做的事、創業需要的人、創業需要的財。

這三張心智圖等於是我們在一開始創業的路上，需要達到的各種階段目標與任務。

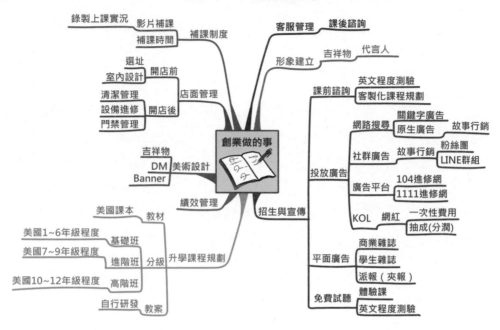

圖表 2-23　創業做的事

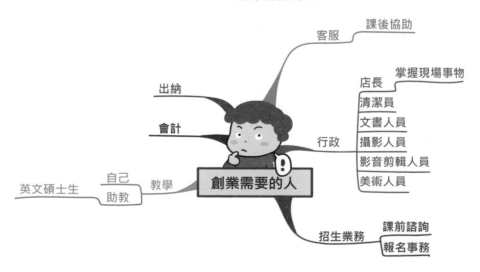

圖表 2-24　創業需要的人

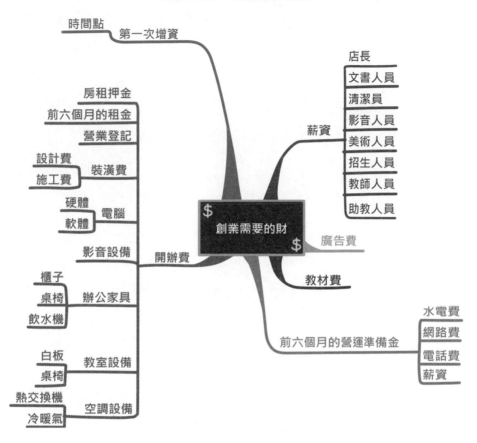

圖表 2-25　創業需要的財

創業需要的財

- 第一次增資
  - 時間點
- 薪資
  - 店長
  - 文書人員
  - 清潔員
  - 影音人員
  - 美術人員
  - 招生人員
  - 教師人員
  - 助教人員
- 廣告費
- 教材費
- 前六個月的營運準備金
  - 水電費
  - 網路費
  - 電話費
  - 薪資
- 開辦費
  - 房租押金
  - 前六個月的租金
  - 營業登記
  - 裝潢費
    - 設計費
    - 施工費
  - 電腦
    - 硬體
    - 軟體
  - 影音設備
  - 辦公家具
    - 櫃子
    - 桌椅
    - 飲水機
  - 教室設備
    - 白板
    - 桌椅
  - 空調設備
    - 熱交換機
    - 冷暖氣

 第二步：詢問該項目的專業人士

　　依據第一步的心智圖，再去找能處理這些事情的專業人士進行諮詢。再向下延伸成「mini mind map」（心智圖中的心智圖）。

　　明祥在「創業做的事」的心智圖，寫下的第一條脈是「取得營

業登記」，把這一條脈上所有的內容，拿去請教曾親自處理過這些事情的人，一一了解箇中需要注意的地方與執行細節，並繪製成一張主題為「取得營業登記」的「mini mind map」（心智圖中的心智圖）。

若要我來做的話，我還是會針對每一項內容，至少找三個有實際經驗的專業人士諮詢，並且交叉比對他們給予的意見。

同時，我也會付費給願意給出真心建議的專家，開始落實當老闆的重要能力：花錢買別人的時間來為自己做事。

🧠 第三步：一邊執行，一邊修改心智圖

依據第二步中所有的「mini mind map」（心智圖中的心智圖），開始動手執行。

前述三個步驟，一定是隨時修修改改、增增減減的，不可能等每一張心智圖都覺得很完美了，才開始動手執行，一定是一邊諮詢一邊執行的。

第 3 章

打造競爭優勢

如何快速整理出工作手冊？

　　帶領新人或他人快速上手，是身為職場資深人士的必備能力。目前手上的工作能有代理人或備用人員處理的話，要請假、要升遷都會比較容易。一般情況下，多數人不喜歡擔任職務代理人的角色，畢竟要了解自己未從事的職務總要經過一番摸索，會使得自己的工作效率變差，這時心智圖就能派上用場了。

　　稍具規模的公司，為求工作品質一致，會建立一套工作手冊，讓不熟練該工作內容者能有所依循。一般來說，操作性事務較容易建立詳細且完整的標準作業流程（S.O.P.），換言之，容易建立S.O.P. 的工作也是容易被機器人或人工智慧（A.I.）取代的工作。往正面的角度思考，如果能把手上工作建立出 S.O.P.，就有機會越快將這些低階作業流程外包給機器人或人工智慧或新人，讓自己晉級處理更高階的作業流程與承擔更大的責任。

　　近幾年許多新創公司，或有一定員工數的中小型企業，都希望自己的公司能像 Google 一樣成為一流企業，自己能成為求職者心中的幸福企業，希望能招攬到一流優秀人才。但員工不是機器人，會有情緒的變化，就算是一流優秀的人才也會有難以突破的撞牆期，這時 Google 主管們與部屬談的內容常常是「有什麼我可以幫

你的？」「有什麼事情降低了你的工作效率」，而非「你達成了多少目標？」[*]

我發現一個現象，很多老闆都不在意的事實：越是一流優秀的人才，越不想浪費時間在處理跟目標無關的事情，這才是真正留住人才的關鍵。老闆要把「會降低 A 級人才的工作效率的事物拿掉」當成是最重要的事情。

老闆們務必要弄清楚，工作手冊屬於管理，並不屬於領導。管理與領導完全不同，但兩者都很重要。經理人是管理，把事做對。[**]透過製作工作手冊，也能促進反思工作流程的合理性與必要性。

 ## 第一步：從最容易的任務下手

先從小單元開始，依照任務或設備，建立工作手冊。

這跟整理家務的道理是一樣的，先從一小塊地方（例如書桌）做起，不要從一整個空間（例如書房）開始整理，這樣你才不會覺得難度好高而放棄。一項任務或一項設備就畫成一張心智圖，即使這張心智圖上文字量很少也沒關係。

---

[*] 僕人式領導（Servant Leadership）由羅伯特・K・格林里夫（Robert K. Greenleaf）提出，此類領導者以身作則，樂意成為僕人，以服侍來領導。

[**] 美國管理大師華倫・班尼斯（Warren Bennis）：「管理意味執行、完成、掌管、負責與處理……經理人重行政，領導人重創新……經理人以體制與架構為本，領導人以人為本……經理人看得較短，領導人看得較長……經理人接受現狀，領導人挑戰現狀……結論是經理人把事情做對，領導人做對的事情。」

我自己的習慣是先從容易的、簡單的任務先下手。製作工作手冊對我來說，只是任務的彙整與紀錄，低樂趣度的事情。

若從複雜的、困難的任務先下手，勢必花費不少時間而覺得一直處於未完成的狀態，這樣心情會不好。

就像是玩遊戲過關一樣，先從困難度低的關卡開始，這樣很容易就累積出自己每次都在前進的成就感。

 ## 第二步：整理手上所有的任務

開始彙整手上所有的任務或設備，畫出一張類似書籍大綱概念的心智圖。那麼剛剛第一步中所畫的那些心智圖，立即成為本圖的「mini mind map」（心智圖中的心智圖）了。

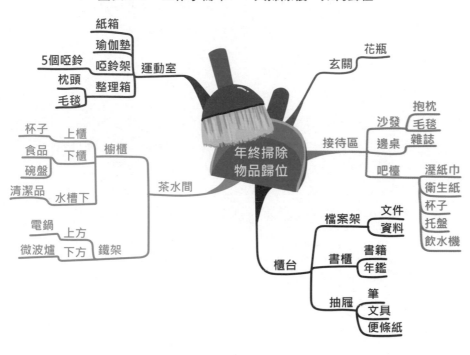

圖表 3-1　工作手冊中 —— 大掃除後，如何歸位

每年都要進行一次的辦公室大掃除，可能都是由不同的人來進行，若是能建立一張大掃除後如何歸位的心智圖，那麼不管是誰來進行，都能快速完成。另外，若今年有需要微調之處，進行者也只要修改本張工作手冊心智圖即可。

 ## 第三步：定期整理工作手冊

可以每隔半年或每一年就重新思考一下，還有哪些部分需要刪

與減，刪減過後才可以填寫新增的部分。

這樣做的原因是為了要避免我們大腦偷懶，一旦先新增，大腦就會覺得這張心智圖完成了（稟賦效應關係），就懶得再去思考還可以再減化哪些流程。

若工作手冊超過半年都完全沒有更新，表示我們不斷使用過去習慣在處理事情，大腦已經停止思考是否有精益求精的可能性了。

切記！所謂的「整理」，就是要「去蕪存菁」，不是把現有的東西重新排列喔。最好吻合前面第 1 章 ❸ 提到過的 MECE 原則。

16 三分鐘內的口頭簡報，如何吸睛？

起初，想說服別人，你必須在開口前，就已經讓他接受你了。

我這麼說的意思是，一個人若能事先取得對方認為「你是無害或是安全的」，你就贏在起跑線上了。因為人只能被自己說服，而不願意被別人說服，當對方腦中已經接受你這個人時，就很容易也接受你所提出來的言論。

來自觀察經驗，通常說話有條理的人，工作習慣也較好。如果我們想要訓練自己有條理的發言，就必須要思考過程寫在紙上，一方面是因為口說時大腦較以感性在驅動思考，書寫時較以理性在驅動思考。同時，我們也可能在書寫時發現，原本自認為已經很了解的內容，其實根本只是一知半解而已。

沒有習慣把想法寫下來，只在腦中思考的人，常會產生思緒中斷、思考停滯的現象。我知道你會說：「但是，我真的不知道要寫什麼啊？」那麼，你就寫下「我不知道」也沒有關係。只有對自己誠實說出「我不知道」，面對自己的盲點，大腦才會產生突破盲點的行動力。

心智圖高手在成為高手之前，至少都經歷過繪製 500 張心智圖

的階段，現在的你，說不定連 20 張最基本的練習量都未能達到，所以自覺自己畫不好心智圖是正常的（這也表示在你內心中，你是有上進心的人）。

成為心智圖高手後，你肯定具備了隨時在腦中畫出心智圖的能力，這時就不一定要真的拿出一張紙、一枝筆，來畫心智圖。

 ## 第一步：釐清溝通的目標

在心智圖的中心主題處，寫上「我想要達到的結果」，也就是「溝通的目標」。整體的思考方向就是，要寫下能達到這個結果的口語內容。

我知道你很想要如台語俗諺說的：「一兼二顧，摸蛤蠣兼洗褲。」（意思是一箭雙鵰）但千萬記得這時必須求精不求廣，一個溝通目標就夠了，太多的目標會讓整體失去焦點。

 ## 第二步：寫下最主要的賣點

在第一條脈處，寫出「最主要的賣點」，想辦法讓這項賣點在口語內容中重複表達出來。

美國社會心理學大師羅伯特・札瓊克（Robert Zajonc）的研究

結果是若常聽到或看到某個東西，就會讓我們更喜歡它，這種現象為「重複曝光效應」。增加熟悉度能減少大腦中杏仁核的恐懼活動，迅速引導對方的注意力轉移到對對方而言有價值的事物上。

第三步：寫下所有想法

先將所有的想法都寫下來吧！包含任何你認為瑣碎的、負面的、雜七雜八的想法，統統先列出來。

當我們將所有的想法可視化後，就能一眼看出自己的思考脈絡了。當所有的想法都被寫下來了，我們才能夠好好地把自己的思緒整理好。這時，不管你想要全部都寫完後再重新整理、重新繪製，或想要一邊寫一邊使用修正帶修改且重新繪製，都可以。看你喜歡哪一種，哪一種方式順手，你就做。

如果你覺得有些脈絡邏輯好像怪怪的，這也是很棒的過程，表示你發現了自己的思考盲點，或是有所缺失的部分，恭喜你！你又有機會突破自己了！

第四步：用歸納能力寫下結論

整理好心智圖後，給這段簡報一個明確的結論吧，把結論寫在最後一條脈上。能跟第一條脈的內容前後呼應是最好的。

下結論，需要運用到邏輯上的歸納能力（見第 1 章「分類思考」）。這裡要追求精準性。

圖表 3-2　構思口語簡報的內容

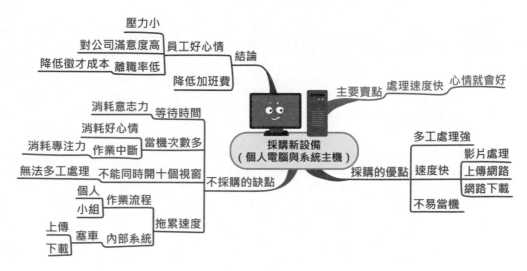

本圖繪製目的是要進行口語溝通用的，因此書寫時不用在乎非得用最精簡的文字，直接寫上用口語化的句子也沒關係。

17 如何安排出有效率的本日行程？

　　本章節中，你會看到我執行「時間管理」的重要概念，有許多是我個人親身執行後的重要創見。

　　我知道有人非常忙碌，瑣碎事務繁多，只要一想到還有很多事情等著去做，就像面對一排十幾種冰淇淋一樣，整個陷入「選擇困難」中，頭腦整個當機，處於資訊過多而不知所措，不曉得該從哪裡下手與思考才好。

　　另外，有人時間非常緊湊，例如職業主婦，A 任務結束（煮完飯），馬上得進行 B 任務（跟家人吃飯），立刻從理性模式能切換到感性談心模式。完成 B 任務，又得立刻進行 C 任務，頭腦要不斷地在一項又一項的工作中切換，每次的切換其實都會耗掉大腦的意志力。在睡前就得花費大量時間讓大腦清空。

　　前述都是「忙→茫」的現象，發現自己好像靈肉分離似的，總不知道自己怎麼一直都這麼忙，自己想做的事情好像也沒有時間去完成，也不太清晰自己到底都在忙些什麼。

　　再繼續下去就會進入「茫→盲」，忙了一整年，覺得自己只是又長了一歲，對生活也沒有什麼期待，對未來也沒有什麼想法，反

正就這樣囉，也不想花頭腦去思考複雜的事情，只盼望著領年終獎金，好出去旅遊吃喝玩樂一番。

人會胖不是營養過剩，而是營養偏廢，人會生病不是營養不足，而是營養不均衡。同理，現在是資訊爆炸、氾濫成災的年代，你想要的、你不想要的意見、看法、觀點統統在手機上送到你面前，你絕對不缺資訊，你是資訊不均衡。會落入「忙→茫→盲」的人，都是專注太多別人（父母、老公老婆、小孩、親戚、朋友、老闆、同事、客戶），而太少專注自己。你應該專注在有關於自己的資訊上才是。

我一再強調：「畫心智圖時要想，什麼內容是值得未來的你再看一次的，才寫在心智圖上。」這一類的事情，肯定是跟你自己有關的資訊。

要從今天結束後我想要達成什麼結果或目標開始；再來思考為了達成這項結果或目標，我今天該安排做什麼事情；最後決定我要「親自做」哪些事情。就像是寫作文的「倒敘法」，從結果先看，再往回推。

這樣做的目的是為了讓今天的每一件事情，都是支持我去完成目標的事。這些能支持我去完成目標的事，就是值得我在未來這一整天需要再看一次的內容，來提醒自己優先處理。

第一步：決定做三件大事

決定今天結束時，我想要達成的主要結果或重要目標。

一天內要完成的「重要目標」，也就是「對自己來說非完成不可的事情」，千萬不要超過三大項。

一旦超過三大項，大腦就會失焦而無法專注於完成這件事情上，稍有疲累就會分心去做別的事情，導致一天結束時，每件事情都只處於「未完成」或「待續中」的狀態。這樣累積挫折感幾天下來，你肯定會又落回原來無效率的生活習慣中。

當無法決定要選出哪三大項時，我們可以這樣想：「我們花很多時間來告訴自己不能捨棄的選項，就是我內心想要的主要目標。」因為我們會蒐集能證實「該選項是有價值的」的相關證據，並思考這些證據個別的優點。會蒐集多少的證據，其實是反映出我們的價值觀。

也就是說，我們認為越有價值的選項，大腦會傾向於蒐集更多的證據來證明該選項是有價值的。[*]

---

[*] 美國布朗大學教授阿米泰·深哈夫（Amitai Shenhav）的實驗證實眼眶額葉皮質（OFC）是影響我們做決定的關鍵區域，負責控制衝動、強迫意念、欲望、調整害怕反應。

第二步：「將大事化小」與「建立里程碑」

為了達成主要結果或重要目標，我今天該安排做什麼事情。

設定目標時，就像在玉山腳下看攻頂，你可能會覺得「我想要，但太難了」。這時我們就要為自己「建立里程碑」。將你認為困難的事情，運用數學因式分解的概念（或是你想稱為微積分的微分也可以），分解成許多小步驟，這是大事化小。

例如：整理辦公桌分解成四個區塊，電腦設備、隔間屏風與桌椅、桌上檔案櫃與桌下抽屜、桌下地板。每個區塊就是一個里程碑。

提醒大家一件重要的事，這份行事曆的筆記內容，其「最佳風味」期限就是一天，但是「有效期限」有時可能代表好長一段時間，因為偶爾可能在七、八個月後，我們需要翻閱筆記來回顧一下今天。

所以填寫時請記得用「方便未來搞不清楚狀況的自己」的文字來記錄。例如：寄掛號信給小華，我如果只寫「掛→小華」，我也不是常常在寄掛號信，有可能八個月後的我看到這段文字，還要想很久，這樣的文字就不夠好。還是老實寫上「掛號→小華」吧。

建議將常做的任務用一些縮寫或簡稱來減少文字量。例如：寄送電子郵件，將 Email 濃縮成 E、打電話的英文字是 Call 濃縮成 C、會議 Meeting 濃縮成 M、約訪客戶用「約」、拜訪客戶用「訪」等。請用自己習慣且熟悉縮且或簡稱，才不會日後自找麻煩。

第三步：「將小事化無」

從第二步所寫出的事情中，分辨出要我「親自做」的有哪些事情。哪些事情可以交由別人處理也沒關係。

兩件事情都是要花費一小時才能完成，A 事情是耗腦力＋少許體力的，B 事情是耗體力＋少許腦力的，都會讓你的身心在完成後累積疲勞感。

假設先完成 B 事情再完成 A 事情，那麼執行 A 事情時的大腦肯定沒法思緒敏捷且流暢，也沒有足夠的體力去完成 A 事情，這種現象會隨著年齡增加而更加明顯。

現在情況顛倒，先完成 A 事情再完成 B 事情，那麼執行 B 事情時的體力已經不足以完成此事了，得靠意志力才能完成。同樣地，這種現象會隨著年齡增加而更加明顯。

為了能在一天將兩件事情都盡善盡美的完成，我們必須學會「授權」與「花錢買時間」。

假設你是一個剛在網路上創業的小資族，得先讓公司能見度提高與帶來業績，第一個月每天出貨 10 件，你當然是校長兼撞鐘，所有出貨都自己親自處理。第二個約每天出貨 30 件，出貨時間增加三倍，勢必壓縮你在招攬生意上的時間，要不要請人來處理出貨呢？

因為目前業績還不是很好，所以你可能會想「請人來處理出貨，那麼我利潤就被他的薪水吃掉很多！」絕多數的創業老闆會決定咬牙撐下去，延長自己工作時間，每天身心皆累得半死，把健康都賠

進去了，用賺到的錢去養醫生，這樣一點都不划算吧？

倒不如，先認清楚自己的必須「親自做」的事情後，然後把其他的事情外包出去。

例如我不喜歡掃地跟拖地，因為這很沒成就感，地板處理的再乾淨也無法一勞永逸，地天天都會髒，於是我覺得清潔環境是應該外包出去的事情。

你可以外包給「掃地機器人」或是「家政服務員」來幫你做這些「應該做也必須做，但是可以不用親自來」的事情，把省下的時間挪給「非你不可的事情」（能累積幸福感的事），可千萬別本末倒置，外包錯了啊！這種「外包」，就是我常說的「花錢買時間」。你一定可以在網路上找到很多「花錢買時間」的服務。

這些事情都不該外包出去，例如：專心陪家人吃飯，不外包給傭人；專心陪孩子讀書，不外包給安親班；專心陪另一半談天說地，不外包給小三；專心陪朋友閒嗑牙，不外包給網路；輕鬆在家時光，不熬夜；專心做開心的事，不費心思在不開心的事。

 ## 第四步：保留彈性

保留彈性時間，給臨時意外一些應變空間。

人生唯一不變的就是「變」。

人生總有「意外」。

計畫永遠趕不上「變化」。

不要死守既定目標

在某次大學演講「時間管理」的主題，一個月後，我在某商業網站上看到一個大學生投稿，裡面寫的內容都是我所創見的時間管理概念（該文章幾乎是將我演講的內容全部複製），還在一週內獲得了近兩萬個讚。這件事情讓我決定把撰寫時間管理書籍的目標無限期延長，理由是因為我任性，我不想先寫這個帶給我不佳回憶的主題了。

放棄撰寫「時間管理」書籍，雖不會帶給我「完成的喜悅」，但也不會帶給我「痛苦的過程」，在這樣的忖度之下，我決定立刻放棄這個目標。

我要「化整為零」，在我其他的著作中，在適當的案例中再來談時間管理。我會這麼做的原因是「將一個不開心的事情與開心的事情結合」，這樣就能保持原來的開心程度，在開心的過程下完成了兩件事情。

順便告訴大家，「化整為零」、「將一個不開心的事情與開心的事情結合」正是我自己創見的另一個時間管理心法。

不要死守既定計畫

曾有學生在「時間管理」課後問我：「你到底是看了哪些書，

才做好時間管理呢？」我回答：「老實說，我從未看過一本講授時間管理的書，我都是遇到了困難，找了很多書來幫我思考以解決困難，在解決的過程中我領悟到了時間管理該怎麼做才有效，畢竟世界上很多道理都是共通的。」

在企業管理中，有很多手法可以直接套用在管理自己的人生。我們真正要做好的是「管理人生」而不是「管理時間」，畢竟時間不會被我們越管越多啊，而是要思考如何「分配時間」以達成「最高綜效」，這才是時間管理上提升效率的正確思路。

曾有一年我過度忙碌，每天工作至少 14 小時，也到處奔波，腦力與體力都極度耗竭，當完成該年度最大的目標後，我的身體立即向我討回健康債，還加計利息地讓我感冒兩個月，感冒完後蕁麻疹一年（以前從未蕁麻疹過），蕁麻疹爆發後的一個月開始嚴重胃食道逆流。雖完成了我的所有目標，但完全是得不償失。

如果再重來一次，當時感到過度忙碌時，我應該立刻以人生宏觀角度來重新思考安排原有計畫，而不是犧牲自己的身心健康好將待辦清單上的事情全部完成。

要有「變卦」的彈性空間

A.不要死守完成順序

B.將預計花費時間再增加 50％～ 100％

我們在安排行程時，是用現在的身心狀態去安排未來，絕對不可能料想到會有什麼樣的「變卦」、「意外」會發生，所以我們必須為這些事情保留處理時間。

假設預定可在 1 小時內寫完 1 千字的計畫書，請在行程上預留 1.5 小時到 2 小時。通常在組織層級中越低階的管理者，或是你的主管喜歡事事過問，或是你的主管對你做事不放心，或是你是該任務的菜鳥，或是你是業務、客服、助理，你應該要預留增加 100 ％的時間量。

 ## 第五步：照表操課，專心執行

我會直接在心智圖上寫上完成的情況：若是完成的項目，直接在該作業項目上打個勾；若是後來取消的作業項目，直接用一條線劃掉；若是需要修改或變動的項目，我會直接用一條線劃掉，然後在空白的地方，重新寫上新的作業名稱。

工作上常常會出現計畫趕不上變化，而需要常常修改的人，可以用免費的心智圖軟體來製作，縮短重新製作的時間。在本書附錄，我會分享我是如何挑選心智圖軟體。

 ## 第六步：善用行事曆

可將行事曆當成工作日誌來增增減減做紀錄。

行事曆是用來輔助人類的，讓行事曆來配合你的實際工作狀況，隨時調整，隨時修改。所以不用在乎紀錄的整齊乾淨程度。

第七步：回顧今天，展望明天

每天下班前 30 分鐘，以回顧今天並展望明天的目標，立刻完成明天的日行事曆規劃。

 ## 第八步：寫下今天的心得與靈感

日本有一種三年的筆記本，在 1 月 1 日這一頁上，切成三欄，分別寫上 2019 年、2020 年、2021 年，要我們將今天的自己，與去年的甚至是前年的自己，做一個回顧與比較，與過去的想法重逢也能激盪出不一樣的靈感喔。

曾有讀者回應說：「仔細閱讀您寫的書，發覺心智圖心法散布在各章節舉例中，透過仔細閱讀就一一發現。看您的書，有一種挖掘寶物的樂趣。」

每種問題的解決方法，我都能跟心智圖做結合。我想，這就跟我喜歡紀錄自己的心得與靈感的關係吧！（可參考第 8 章❹）

 ## 第九步：回顧本週，展望下週

每週五下班前 30 分鐘，回顧本週並展望下週的目標，立刻動手完成下週的週行事曆規劃。

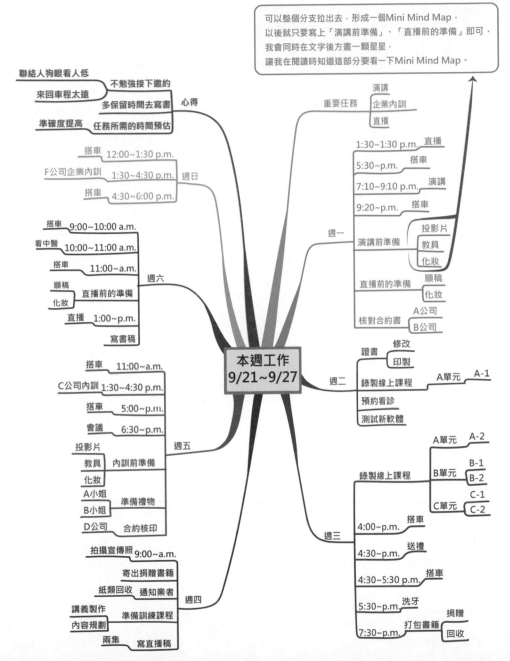

可以整個分支拉出去，形成一個Mini Mind Map，
以後就只要寫上「演講前準備」、「直播前的準備」即可，
我會同時在文字後方畫一顆星星，
讓我在閱讀時知道這部分要看一下Mini Mind Map。

18　商圈中的飲料店眾多，
飲料市場飽和了嗎？

　　我辦公室附近的一條街，從上午 8:00 到凌晨 12:00 都是人來人往的，這十年來，台灣各大手搖杯品牌與藝人投資的手搖杯品牌都在此開立加盟店。看到這裡，假設想要投資飲料店的你，你會想要在此街投資手搖飲料店嗎？

　　有些手搖杯品牌在此存活十年；有些品牌門口時時都得排隊購買；有些品牌不到半年就關門，同樣的位置換另一個品牌卻能開業超過兩年。每半年至少會有一家新的飲料品牌進入此街。現在再問一次同樣的問題，你會想要在此街投資手搖飲料店嗎？

　　情報的蒐集，很重要！買東西時，你都會去網路上搜尋一下評比跟比價，想要投資開立一家飲料店或是進入飲料市場賺錢，你怎麼能夠不好好蒐集情報呢？

第一步：進行市調

進行市場調查，統計此街的人潮情況，再看每日的平均購買手搖杯的人數是否仍有擴張機會。

這條街人潮幾乎是從早到晚都很多，只要買手搖杯的市場量仍未被滿足的話，那麼就有機會。

如果這條街的手搖杯市場大餅已經飽和的話，即使你的產品力再強，也只能得到一小塊餅。通過這一步的評估，才需要進行第二步調查。

 ## 第二步：找出未飽和的市場

統計此街的手搖杯品牌的口味與定價，再看是否仍有消費者未被滿足的空間能介入。

我在很會做生意的楊太太身上看到一種生意經，楊太太在這條充滿飲料店的街上賣炸雞排，她也兼賣愛玉冰，原因很簡單，這條街上沒有人賣愛玉冰，只要人潮多，其中一定會有人想吃愛玉冰，果真，楊太太的愛玉冰生意挺賺錢的。

我用「挺賺錢」而不是「生意好」來描述，是因為她的愛玉冰就一個桶子擺在店門口的一邊，（因為是兼賣的）也沒有招牌，等於沒有裝潢成本，也幾乎沒有店租成本，一天賣掉一桶，愛玉冰的

營業額只要扣掉食材跟杯子成本，再扣掉一些她自己兼賣的人力成本，利潤絕對比旁邊的飲料店高很多。

楊太太告訴我，這條街上只要有人賣愛玉冰，他就不賣了。說完這話的幾個月後，果真有人開了一家專賣愛玉冰的飲料店，楊太太立刻將愛玉冰桶子收起來不賣了。又過了半年，那家專賣愛玉冰的店也收起來了，原因正是「生意好」但「不賺錢」，因為賺到的錢都繳給房東啦。

 ## 第三步：SWOT 分析

決定自己要切入的市場空間。以此為中心主題，搭配 SWOT 分析來畫心智圖。

進行 SWOT 分析時別對自己說謊，別把自己都覺得不怎麼樣的點，勉強升級到優點區喔！

日本在 2019 年對東京、大阪、京都、金澤的旅館課宿泊稅，等於是旅費得漲價了，仍是門庭若市，這都是因為產品力強，即使漲價了，也不用擔心客人跑走。只要你在總體市場未飽和的狀態下，能找到你的藍海市場，你就不用考慮客人會減少的問題。

在這條路上開飲料店，用 SWOT 分析概念來看看可能性。

圖表 3-4 **SWOT 分析**

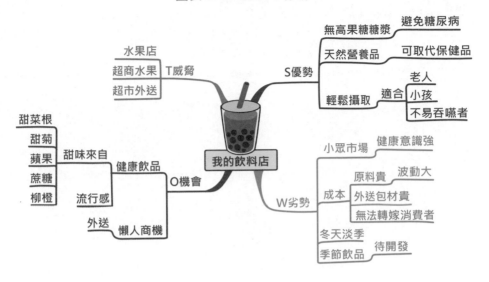

19 | 工作流程繁瑣，如何簡化流程？

我直接告訴你，會造成工作流程疊床架屋的問題，都是沒有先將職務定位清楚而造成的。

 第一步：釐清工作定位

一個人的工作定位不要超過三個，否則會失焦或是思考矛盾。例如：業務人員跟採購人員的思考核心，兩者幾乎是相反的，業務人員要全力開源，採購人員要全力節流。

定位清楚後，才能擬定出好的KPI（Key Performance Indicator，關鍵績效指標）或OKR（Objectives and Key Results，目標與關鍵成果）。

工作定位，決定出我們的工作目標，工作目標決定出關鍵成果（Key Result）。最多設定五個目標，每個目標底下最多設定四個關鍵成果，關鍵成果必須是具有時間性且可量化衡量的。

選擇關鍵成果的原則是： 用結果不用過程；用產出不用投入；

用目的不用手段；用結果不用工具；用結果不用程式；用什麼不用什麼。

工作項目如果是符合你的關鍵結果，就列入工作手冊中；反之，就不該列入工作手冊中。如果不知道該放棄什麼，就無法早日脫離窮忙的日子。

在《商業周刊》1433 期，我看到這段話，請大家好好深思一下：「提出好問題要專注當下的情境，然後連結過去的經驗與背景知識，甚至指向尚未發生的各種可能。整個思考過程包含現在、過去和未來，是複雜的大腦連結，必須靠後天刻意學習和練習。」

第二步：相似的動作彙整到同一個人身上

以工廠的流水線設計為例，將生產動作拆解成 10 個動作，分給 10 個人獨自完成單一動作（一個人單純地做一種動作）是生產效率最高的。

曾見過一個會計經理對帶領 100 個業務的總經理要求說：「業務一個人少蓋一個印章，我就要蓋 100 次印章，這會增加了我很多工作時間耶，應該業務自己把章蓋好再交出來。」業務經理同意了，半年來也陸續同意了許多類似的事情。半年後，所有的業務人員開始在私下抱怨連連，抱怨處理表單時間太多，壓縮了出去跑業務的時間。

蓋章與處理表單的時間太長，表示這個動作的工作量很大，但這個動作不管是讓領較高薪資的會計經理來做，或是創造公司收入的業務來做都不划算。以這個例子來看，這個動作應該是找單位內最低薪資的人來做才最划算，例如集中在一個業務助理或是會計助理身上。

我們可以用工廠流水線的概念來處理這項抱怨， 由專人處理，處理起來會更加順手，這個動作出現了任何瑕疵，也是能最快找到專人來處理。

第三步：用「順便」的概念來思考能合併做的事

我要先提醒當主管或是老闆的人一句冒犯的話：「多數員工會離職，都是因為你的管理不當。」我知道這句話說得很重，聽起來也很臭屁或自以為是，但這句話是事實。

「能者多勞」的意思是能幹的人（通常不是會偷懶的人），因為工作效率高，所以會執行比他人更多的事情，也就比較勞累。出自於《莊子・列禦寇》：「巧者勞而知（智）者憂，無能者無所求，飽食而敖遊。」

卻被不擅長管理的主管或老闆誤用成「多勞，能者」。你要多勞，因為你是能者，會導致許多能幹的員工不想再繼續勞逸不均而離職。

這種不擅管理的主管或老闆最喜歡說：「這件事情你順便做一下。」或「這件事情你就去幫忙一下。」幾次下來，公司就處於勞逸不均的狀態了。我在這裡說的「用順便的概念來思考能合併做的事」，不是指這種「順便」喔。

用「順便」的概念來思考能合併做的事，是指運用我們的聯想力、舉一反多的水平思考、思考下一步的垂直思考，來想一想目前的工作步驟，是否有需要簡化的地方或避免遺漏的地方。

例如：將每天都必定要使用的工具：筆電相關設備、紅藍黑綠四枝原子筆、自動鉛筆、修正帶、剪刀、橡皮擦、老花眼鏡、便條紙、計算機、筆記本，全部收在辦公桌的第一個大抽屜中。工作時不需要思考，只要打開一個抽屜，就能解決所有工作需求。

又或者如果不定時需要將資料建檔，我會準備一個文件夾，寫上「待建檔」，一有需要建檔的資料，立刻就投入該文件夾先放著，大腦就不再記憶「需建檔」這個動作，日後再一起完成所有建檔工作。這也是工廠流水線的概念運用。

 ## 第四步：讓機器人為你工作

找軟體程式人員，一起思考第三步中的事情，寫成程式，由程式代勞。

科技讓機器人變便宜，也變人性化了，現在已有聊天機器人來處理可規則化或可規律化的客服問題。

一直想要提高工作效率的公司，也需要思考一下員工的工作項目，是不是能夠也用來機器人來處理？

有句玩笑話說：「貧窮，限制了我的想像力」。在思考時，若一直把經費限制放在心中，是不可能想出有突破性的答案。

我個人認為，「知識量不夠，限制了我的想像力」。機器人領域或 AI 領域對一般大眾來說，都是沒有相關背景知識的。要完全靠自己思考可以讓機器人或 AI 來幫我們什麼，這是困難的。倒不如先想想在自身公司中，自認為哪些領域如果能交給 AI 處理會讓工作更愉快，先寫下自己的想法（如圖表 3-5），再由公司安排高竿的軟體程式人員來聽聽我們的想法，一起進行腦力激盪的創意會議，看看還可以更進一步激盪出什麼樣的火花。

圖表 3-5　交給 AI，工作更愉快

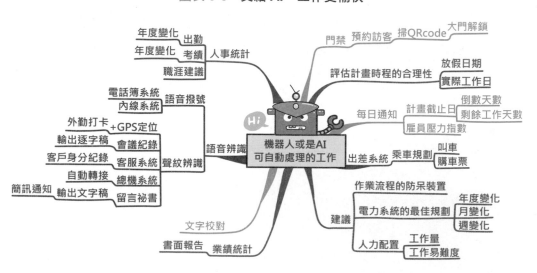

20 | 如何快速記下客人的客訴問題？

　　在某家汽車製造商的內部訓練課程結束後，一位客服人員茂鄉私下問我：「我必須得快速寫下客人的抱怨意見，並以書面方式回報給主管，我可以怎麼用心智圖來幫我快速記錄呢？」

　　客服人員原本以文章式的方式來寫的紀錄，不容易快速看出客訴者表達的重點在哪裡：

　　○○○在 4 月 18 日經友人介紹的某業代邀約至北督某營業所談車子訂單，車輛為 18 年式 17 年的 Rav4 2.0 尊爵空車。期間業代表示給了員工價折 7.4 萬元 = 93.5 萬元現金價，贈送 FSK 全車隔熱紙、晴雨窗 ×4、防水踏板、代裝 ETAG、行車記錄器及當月活動五年保固及竊盜險。談 2 小時左右，簽了合約，刷卡支付 3 萬元訂金。

　　4 月 18 日下午，因周遭同事皆表示此訂單實在不划算，我後續與業代討論是否可再折價或加贈配件，業代表示再送倒車影像、救車線、短毛避光墊、打氣機、後廂置物墊及熱水瓶、藍芽喇叭。

　　但這訂單仍舊讓同事認為是肥單，才於隔日 4 月 19 日中午提出退訂要求。業代則表示要請示主管（副所長），於是打電話給副所

長，得到回覆是說還要再請示主管（所長），但要等到下午 3:00 左右才能回覆並約定明天 4 月 20 日正式到所裡退訂。

等到 3:00 左右沒得到回應，我打進營業所索取到所長電話，直接再打給所長，所長堅決表示不能退。

○○○又打 0800 電話找客服希望幫忙處理，客服則表示只能幫忙轉達訴求，要怎麼處理仍是由營業所主管決定。我後來再打電話去找所長，所長堅持不能退，表示可以沒收全部訂金，你最多可以保留訂金，不管你找誰（消保會等）來都一樣。並表示他也能投訴○○○的公司上級說○○○不履行合約。說到最後沒有共識結束通話。

隔天 4 月 20 日早上○○○到所內，僅見到業代及副所長，從 10:00 說到 12:00 就是一直要○○○緩緩，他們沒辦法決定而所長就是交代他們不退。說是再坐到下午 5:00 也是不會改變。

○○○請問客服能提供意見幫幫忙嗎？

即使是由同一個人繪製心智圖，只要繪製時有著不同的目的，這一次繪製出來的心智圖內容就不會一樣。故我製做了兩個版本，提供給對方參考，由對方來決定他應該選擇哪一種版本。

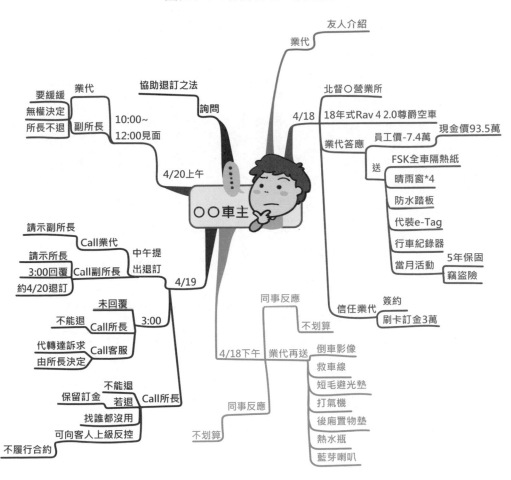

圖表 3-6　客訴管理：細節版

需要讓上級知道該客戶抱怨的始末與細節，並提供內部人員進行分析與統計，以做為客服政策、商品設計、服務設計等單位參考。

圖表 3-7　客訴管理：概要版

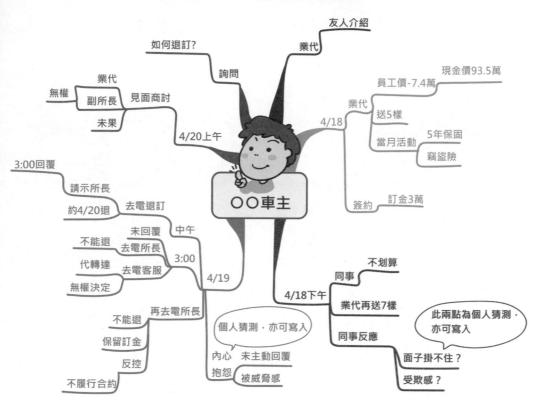

茂鄉採用了版本二。因為該公司的客服政策，只需要客服人員進行初步了解客戶的訴求，是屬於傳聲筒的角色，不具備任何的處理權限。只要方便後續處理人員可以快速了解個大概，這樣的心智圖就夠了。

第 4 章

激發創意靈感

21 如何抓住腦海中「靈感一現」的好點子？

　　我們先釐清幾個名詞以利本章節的說明。

　　「創意」是「點子」，是名詞；「創新」跟「創造」都帶有想出點子的意思，是動詞。創新有兩種方式，分別是屬於低階層級的改良或改善，高階層級的創造。

圖表 4-1　創新的兩種方式

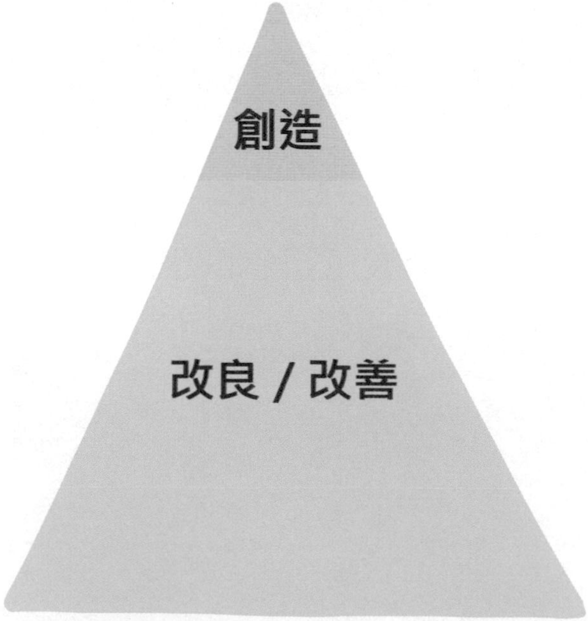

創造

改良 / 改善

「能不能靠努力思考來獲得好創意呢？」

「能不能靠努力訓練來獲得創新跟創造的能力呢？」

這兩個問題，就跟佛教徒爭論數百年的問題一樣：「開悟到底是頓悟，還是漸悟？」靈光一現的點子就像頓悟，苦思獲得的點子就像漸悟。

這幾天睡眠時間混亂，手沖咖啡時誤把咖啡粉直接倒入未擦乾的杯子中，而不是濾紙中，若是以前的我肯定只能將整杯咖啡粉倒出，再把杯子洗一遍。今天我突然想到我可以直接拿去煮成土耳其咖啡啊，這樣所有的咖啡粉都不會被浪費。若沒有過去的知識背景支撐，我腦中是不可能出現這樣靈光一現的創意。

我認為「創意」、「創新」與「創造」，都存在於「靈光一現」與「苦思多時」的時刻。順序是「苦思多時」→「靈光一現」。

心智圖正是可以讓大腦有系統且有效率地進行「苦思」，以縮短等待「靈光乍現」的時間。原因就在於繪製心智圖的過程，完全吻合主動的學習模式。

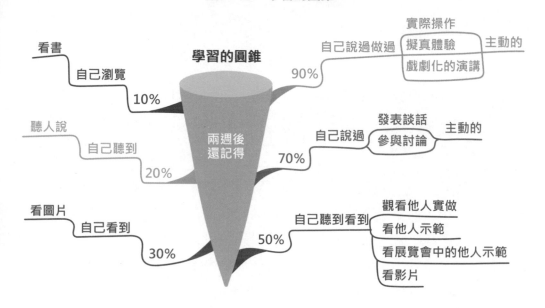

圖表 4-2　學習的圓錐 *

第一步：隨時用手寫筆記

準備空白紙張隨身攜帶，或是空白便條紙放置環境各處，隨時「用手寫」筆記。

寫筆記，在科技時代可能意味著用錄音、用錄影、用打字來記錄內容，不一定是要用手寫。不過，我與來上課的學生們的筆記經驗不約而同都是「手寫筆記更能發揮大腦的創意」。

---

* 引述自《富爸爸，有錢人為什麼越來越有錢？》，羅勃特・Ｔ・清崎、湯姆・惠萊特著。

加上諸多科學研究，都表示寫完筆記後大腦累積背景知識的速度，依序手寫＞打字＞拍照。這也是我為何一直推廣用「手寫心智圖筆記」的原因。

當我針對某項議題想要有所突破時，我就會先準備一張 A4 白紙，放置在辦公桌前面，中心主題就寫上該議題名稱，每天看且朝思暮想該議題，有任何想法就補充上去。

若我是隨手寫在便條紙上，也會在一天結束時，把便條紙上的內容調整一下後補寫在該心智圖上。

第二步：不斷增加內容

隨著時間而不斷增加內容，可能會分別寫成好幾張紙，也全部都貼在辦公桌前方。

心智圖把腦中想法可視化，只能增加想法、改寫想法，而不要刪除想法。我會讓自己隨時能看著心智圖上的關鍵字詞，好刺激著自己的潛意識，讓潛意識自己去發揮，你一定能發現，透過這樣的方式，我們更能夠舉一反多，想出比以前更多的創意（點子）。

熟練心智圖的人，常常是一見到某議題後，大腦就開始「自動化在腦海中畫心智圖」，不需要刻意苦思，就已經能完成兼具思考深度與廣度的心智圖了。

　　在尚未達成「自動化在腦海中畫心智圖」的能力前，請大家好好地腳踏實地的進行練習。

圖表 4-3　分析 Podcast 盛行的原因

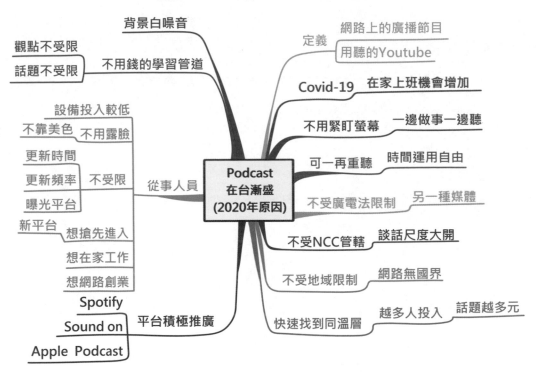

　　因為是隨時想到的念頭，就隨時隨手寫上去，故不用考慮用字遣詞是否夠精簡？分類是否夠確實？就算是從頭到尾都只用同一支筆來寫也沒關係。

在日常工作生活中，
如何激發各種創意潛能？

❷提過，想擁有創意的能力，就必須要日積月累的練習。只要每天思考一個「為什麼」，就能累積出「靈光一現」的創意潛能。

 ## 第一步：主動找一項議題

每天主動找一項議題，從你喜歡或好奇的議題先著手起，不一定要跟工作內容有直接關連性。初學者一開始就從職場切身議題下手，反而無法用更宏觀的視野來看待目前的問題，建議先從生活議題著手起。

例如：為什麼男生使用小便斗時不願意往前站一步？為什麼女生不論天氣如何，總是天天帶著一把傘？

第二步：用 15 分鐘的時間思考

15 分鐘是比較恰當的，因為我們對該議題越陌生時，思考超過 15 分鐘後，很容易開始為了擠出想法就亂寫。

提醒大家，寫的時候先不要分類會是比較好的，因為一開始的分類，容易讓大腦局限思考視角與領域範疇。

 ## 第三步：重整心智圖，補上新想法

重新整理這張心智圖，還有新的想法就隨時補上。

 ## 第四步：再重整心智圖

若你很想再重新整理一次心智圖，那就重新整理第二次。

這是很正常的念頭，別以為自己需要整理好幾次，就等於自己很不會整理。其實這都是思考在進步的一種證明，意味著我們能用各種不同的思考角度與分類方式來看待同一件事情。

第五步：變得有創意又謙虛

長此以往，你會越來越有創意，同時，你也會越來越謙虛。

我周遭很多人都認同這句話：「只有笨蛋跟自大的人，才會聽到一種想法後，就以為全世界的人都跟自己的想法一模一樣。」

透過這些訓練過程，你一定會常聽到周遭好友用這種話語來稱讚你：「我沒聽過你這種說法，但是我覺得你說得很有道理或很有趣。」「你說的這些，我過去從沒想過耶。」「原來，還有這樣的想法啊！」

這時，你已經成為一個兼具深度與廣度的創新思考者了。

圖表 4-4　什麼原因導致完美主義的現象？

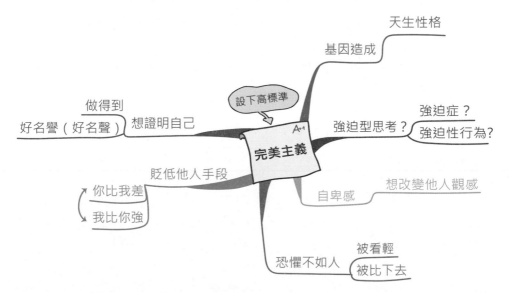

23 開會被點名，如何快速提供有創意又務實的想法？

不管是討論策略或討論行動方案的會議，第一種人發言時會畫錯重點而文不對題或過度執著細節；第二種人覺得思考很難，直接表明「我沒有想法」，根本不表示任何意見；極少數的第三種人可以提出吻合主題且具備建設性的具體建議，長期下來，第三種人往往會成為公司的核心人物。

撇除心理恐懼與辦公室政治問題，第一種人很單純地就是不會抓重點。第二種人有可能是從第一種人演變過來的，因為過去太多發言後受挫經驗，於是乾脆什麼都不說。也有可能是本身不知道「要從哪裡開始想」，而不是真正的「不會想」。

公司能接受的務實想法，通常指想法具備實踐的可行性。跟第4章㉒不同之處在於「可行度需高於驚艷度」是我們的發想目標。

有時創意過於令人驚艷，反而會令人恐懼，因為你的創意太令決策者感到標新立異，決策者擔心反倒會產生未知的負面效果。或是決策者看不懂你的創意會產生什麼樣程度的正面效果。

要有創意又務實的想法，思考的邏輯脈絡、能否探究問題、找到問題的核心點，這三項是關鍵。心智圖正是能提升並強化這三項的思考工具。以心智圖來構思，能指引我們思考方向，且讓思考更聚焦。

 ## 心智圖結合 5E 思考

幾乎每年都能聽到明雲問：「為什麼工作分配不均，只有我常常在加班？」

剛開始我還不怎麼當成一回事，總想上班族偶爾會遇到這樣的情況，熬過了這幾個月就好，沒想到明雲是年年都會加班個七至九個月。

如果是全單位都在七至九個月間一起加班也就還能接受，因為大家一起加班，一起吃苦，也算是有同甘共苦的工作經驗。但是，明雲在這七至九個月間，會有五至七個月都是一個人加班到晚上 9:00 或 10:00 才能離開辦公室。

更令明雲氣餒的是，上級主管直接挑明說：「加班費不能申請，因為你加班時數都快到達上限了，你再申請下去，公司會來關切的。為什麼大家都不會像你這樣申請這麼多的加班時數？你的工作效率太低了，你要想辦法提升自己的工作效率啊！」

明雲是家中主要的收入來源，所以明雲不想離職，也不甘願就

這樣離職，於是我請明雲畫一張心智圖來詳述現況，以方便之後的構思。

第 1 章❸提過 MECE（沒有遺漏且沒有重複）原則，要吻合 MECE 原則，另外還可以運用 5E 來引導我們以水平思考來進行陳述：Experience 經驗、Emotion 情感、Knowledge 知識、Essential skill 技術、Strong Emotion 信念。

圖表 4-5　5E 思考的心智圖

第一條脈：Experience 經驗（經）──每週加班五天、被迫不能申請加班費、只有我會做這項任務、被要求提升工作效率

第二條脈：Emotion 情感（情）──心累、身體累、勞役分配不均、上級主管要求須識大體

第三條脈：Knowledge 知識（知）──勞基法

第四條脈：Essential Skill 技術（技）──提升自信度與自尊、爭取權益的勇氣、面對職權霸凌的勇氣

第五條脈：Strong Emotion 信念（信）──委屈不能求全

依照心智圖上的順序，看著關鍵字還原回原來的意義，此步驟我稱為「看圖還原」。

明雲以口語表達出：「這幾年來，上級主管常常把一些任務只交代給我，我就得一個人在公司天天加班到 9:00 或 10:00，有時還加班到晚上 11:00 才離開辦公室。我們公司高層一直要求各單位要遵守勞基法的規定，因為我的加班時數已經超過法令上限，所以上級主管要求我不能申請加班費，否則更上級的主管會覺得我們這個單位有問題。因為這項工作只有我能做，沒有別人可以幫忙，只好我一個人繼續免費地幫公司加班下去了。

我在上班時間從不聊天、做私人事務，連續不間斷地工作，但還是必須天天加班到很晚，上級主管常常直說是我的工作效率太低，我已經不知道要怎麼提升工作效率了。我做出來的東西因為不會有錯誤，加上我處理的任務都跟金融有關，也不能出錯，所以上級主管都一直把這類的東西丟給我做。

工作上因為勞役分配不均關係，導致我必須長期加班，我的身心一直都很累，上級主管一直要求我要識大體，這項任務對我們整個單位都很重要，而且也是公司的重點項目，一定要趕快做出來，不能夠搞砸這件事。

我們單位收到的命令是說要遵守勞基法，但我的情況根本就是已經違法勞基法。目前勞動檢查的方式，公司都有一套對策去應付，

勞動檢查人員不一定能看到真實情形。我們勞工有勞基法的知識也沒有用，除非我已經確定要離職了，否則都會害怕去舉報公司違法後，會被秋後算帳。

這麼多年下來，我面臨的問題，問題來源都來自這個上級主管，我常常被他以言語貶低，我很難有自信的面對他，在他面前我就是個沒有用的人，但是他又常常把事情只丟給我處理。我明確表示我的工作量太大，他只會一再重複說是我工作效率太差，完全忽略我的意見。我現在知道了，我的上級主管對我職場霸凌，我需要有人幫助我或是告訴我怎麼處理職場霸凌。

我為了這份薪水，十年來不斷地忍耐，我以為我委屈我自己一陣子，就能換來上級看待我的眼光有所改變。現在我知道了，我的委屈並不能帶來求全。我委屈我自己的結果，也只有我自己繼續委屈下去而已。」

運用心智圖一段時間後，我們就能把剛剛自己所想所畫的整張心智圖的圖像，鮮明地存在腦海中，在口語表達時，就不一定需要這張心智圖小抄，也能一邊回憶腦中心智圖圖像，一邊侃侃而談。

在聽明雲解說自己的心智圖時，我感受到明雲像是在對諮商心理師說話一樣，分別從感性與理性角度去剖析自己。

明雲說完後，告訴我：「我這樣說完後，我心情輕鬆了不少。以前我內心一直期待有個『大英雄』可以出面幫我解決，所以我跟家人與朋友講，但是大家都只能聽我說，就算給我建議，我也希望能不是由我出面去做，最好是我的家人或朋友就是那個『大英雄』，

他們可以出面幫我處理。我一直知道這件事情，必須要靠我自己去解決，別人是無法代替我去處理的，但我內心就是不自覺希望能有奇蹟發生。

我需要先讓自己有勇氣，也需要再去諮詢懂勞工法律的人員，看看如何在合情、合理、合法的情況下，去解決這件事情。至於被上級主管霸凌的事情，我也會再請教律師看看要怎麼去應對跟處理會是對我有所保障的。」

有時候，我們不是沒有創意，也不是沒有解決問題的實用方法，我們是害怕。我們怕自己這樣做了之後，會不會變成讓人不開心的「壞人」，我們像明雲一樣，希望自己永遠都當讓人開心的「好人」。有時，我們害怕這樣做了之後會失去某些面子、某些形象、某些既得利益、某些權力、某些地位……而將自己卡住。

有時，我們陷在卡關情境中，會讓我們得到同情、憐憫、關注力，讓自己感受到大量的關愛眼神，因而不願意自己走出來。

明雲現在的解決方法很明確：尋求法律人員的幫助，分別處理加班問題與職權霸凌問題。

 ## 心智圖結合兩組二元對立的矩陣思考

讓人覺得很容易理解的表達，可以用二選一的分析方式，這時用心智圖來進行思考的推演是很好用的。

當選項只有兩個時，很多人直覺性地認為反正 A 的優點就一定是 B 的缺點啊，這可正是落入了快思的陷阱中。[*]

快思是直覺思考，並不是理性思考，常是不太吻合邏輯思考（因果關係之間）的。

快思，常是找到有關連性的想法，但兩者「有關連性」並不代表兩者有「因果關係」。也常會忽略「一因多果」、「一果多因」、「互為因果」的可能性存在。

如果我們落入了快思的陷阱中不自覺，就容易讓他人發現我們說話「沒有道理」，表示我們的思考有漏洞。用心智圖的可視化效果，讓我們能自我發現思考邏輯上的不足之處。

---

[*]　快思一詞來自《快思慢想》（*Thinking, Fast and Slow*）一書。系統一代表的是反射性的直覺思考，系統二代表的是按部就班分析的理性思考。

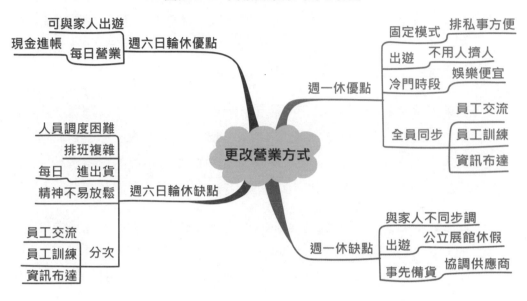

圖表 4-6 　更改營業方式的心智圖

同仁不想輪休了，希望公司能改成固定週一休假，主管請你發
表你的想法。

第一組二元對立是「週一休假 v.s. 週六或週日休假」。第二組
二元對立是「優點 v.s. 缺點」。

第一條脈，寫出週一休假的優點。

第二條脈，寫出週一休假的缺點。

第三條脈，寫出週六或週日輪流休假的優點。

第四條脈，寫出週六或週日輪流休假的缺點。

在養成隨時都能舉一反多的思考習慣之前，絕對要「去除」追求速成、抗拒思考的心態，每次練習結束，不管你對自己的想法滿意不滿意，千萬要告訴自己：「我只要再多練習一次，就能比這次更快達到精準的思考，且更快能做出正確的判斷。」

練習時不要急躁，可以依照自己的節奏來進行，大概練習 5 次之後，你就會對自己的思考感到有趣；練習 10 次之後，你就會對自己的思考感到自信，在這之後你會越來越喜歡進行這樣的思考訓練。也能每次看到一個議題，就自動在腦中繪製出矩陣思考的心智圖。

當腦中有想法時，也就是腦中有這樣模式的心智圖，你只要閱讀著腦中的心智圖，依順時針的方向，依序表達出你的想法即可，自然能讓人立即感受到，你的表達內容非常清晰且富含邏輯性！

24 如何發想專題報告的內容？

請大家注意，學術簡報跟商業簡報是不一樣的！

在學校內的專題報告，一定會遵守學術簡報的流程與順序，大體順序是源起→現狀分析→結論。但商業簡報可不能這樣做，否則多數主管肯定覺得我們簡報內容冗長且贅言太多。

商業簡報可不能一開始就打開電腦，一邊製作投影片一邊思考內容，這樣一定會廢話連篇，且投影片張數過多，浪費太多時間在製作投影片上。

第一步：先進行完整的問題分析（見㉑㉒）

美國全球實質資產集團常務董事兼執行長喬・阿澤比（Joe Azelby）與美國安進公司全美腫瘤科銷售團隊副總裁鮑伯・阿澤比（Bob Azelby）在《為何老闆總是對我說：「你很好，但是……」》（Kiss Your BUT Good-Bye）一書中提到：「分析技能是一半藝術、一半科學，同時還需要大量的經驗……如果你無法分辨重要趨勢，

那麼你需要的是更多經驗與精通分析能力者的指導。」依照本書的建議，從現在開始把思考的動作，放在每天生活中，你就能快速累積大量經驗。

第二步：進行策略思考（見❻）

我常在「創新思考與問題解決（實務演練）」的企業內訓課程中，簡化地對學生說：「問題分析時要探尋各種不同的可能性（水平思考－思考的廣度）。策略思考時要探尋各種不同的可行性（垂直思考－思考的深度）。」順序是問題分析→策略思考；可能性→可行性。

我們需先準備著幾套可以執行的策略，必須每套策略內容都覺得夠完整了，再進行下一步。

第三步：做決定，挑出有扎實思考基礎的策略

根據剛剛運用 SMART、KPI、OKR 所做出來的多種結果，我們盡量挑選整個思考脈絡具備嚴謹與明確因果關係的策略。

「企畫」的最終結果會產出一個明確的「策略」。例如：我們已經在台北深耕了，決定要擴展高雄市場。擴展高雄市場的策略有：電話行銷、高雄經銷商、高雄加盟店、高雄直營店，從這四個選項

中，選定一項策略。

第四步：依據該策略，往下一層思考任務計畫

策略是前進的主要的方向，「計畫」就是實際要走的路線圖了。延續剛剛例子，假設選定電話行銷，任務計畫的第一項是選定電話行銷單位的主管，第二項是建立電話行銷單位的 KPI，第三項是決定電話行銷單位的規模，第四項是選定電話行銷單位的辦公位置，第五項是建置電話行銷電腦與電信設備，第六項是取得高雄地區電話名單，第七項是招募人員。

第五步：根據主管要求的程度做下一層計畫

依據主管要求的程度，來決定要不要依據該任務計畫，再往下一層思考行動計畫。

簡言之，任務計畫是「公司→桃園機場→德國法蘭克福機場→飯店→客戶公司」。行動計畫是「下午 4:00 從公司出發→下午 7:50 桃園機場起飛→上午 7:00 德國法蘭克福機場→上午 11:00 飯店出發→下午 1:00 客戶公司」

上台簡報前，請務必弄清楚，主管或老闆希望你做到哪一種層次，是任務計畫？還是行動計畫？

第六步：製作簡報

依據任務計畫或是行動計畫的內容進行投影片製作。

想要製作簡報，千萬別立刻打開簡報軟體就一邊思考一邊製作，可以運用心智圖來構思一下整個簡報順序要如何安排，可避免掛一漏萬。這時的簡報目的是「說明」，需要大量數據與文字解說的部分，請用書面附件給予，不要放入投影片中，避免失焦。

圖表 4-7　哈雷機車俱樂部的任務計畫

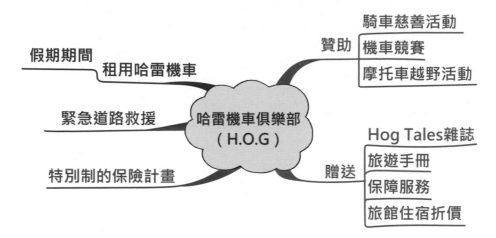

25 | 如何上台報告
不必一直看小抄？

上台會一直想要看小抄，表示自己對於要說出口的內容不夠熟悉、熟練。最根本解決之道就是，多練習說出口，多對著鏡子說幾次，就不會在正式報告時一直看小抄。

但很多人的工作量過大，確定報告內容到正式上台之間，根本沒有時間讓自己不斷地自我練習。於是多數人會想要製作小抄，或是直接把小抄內容統統寫在投影片上，把投影片當大型小抄。面對這類型的上班族，總是讓我回憶起過去我那熬夜準備簡報的職涯，但在我使用心智圖之後，我就不再需要過這種生活了。

心智圖本身就是一張圖像，用心智圖來構思上台報告的草稿，以記憶時間長短來看，大腦對於圖像的記得快又記得久，比條列式小抄或是文章式的草稿來得更加好用。

 第一步：先構思演講大綱（子標題）

在紙張的正中央位置，填上今日報告的主題。

從紙張的右上角開始，第一條主脈寫上第一大要點要表達的內容，以關鍵字的方式填寫。一條主脈就是一個大要點，順時針方式依序寫上第二條主脈到最後一條主脈。

這張心智圖是報告用的草稿，上面的關鍵字詞以你自己能理解看懂的用語為主，不需要一開始就字字斟酌，這樣會導致你在構思時落入完美主義陷阱中，而使得進度緩慢。

等全部的簡報內容都確定下來後，我們再來調整用語，再重新畫一張心智圖就好。根據我的教學經驗，有些已經具備多場報告經驗的人，會覺得不一定真的有必要再重新畫過，因為我們的大腦能看著這樣的草稿，但嘴裡說出的是重新修飾過的語句。

心智圖上從右上角開始，順時針的脈絡順序就是報告的順序，因此沒有必要在每一條主脈上額外寫上 1234 等數字標記。別忘了，心智圖就是要化繁為簡，關鍵字詞能省略就盡量省略喔！

收納教主廖心筠老師分享給我，她使用心智圖準備演講內容的心得：「我太愛你啦，哈哈哈，心智圖幫助我很多，今天去政大演講也用了它，要舉的例子都不會忘記。」

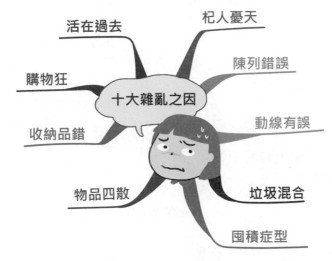

圖表 4-8　廖心筠老師的演講大綱

第一條脈：造成居家物品雜亂的第一項原因是杞人憂天，第二項是陳列錯誤，第九項是活在過去。

 ## 第二步：構思下一層次的內容

開始看著主脈上的文字，構思在這項主要重點（子標題）下，應該要表達哪幾個次要重點，就延伸出幾條支脈。

從第一層次的杞人憂天開始，往下發想第二個層次內容。

第一項原因是杞人憂天，以下這三類物品常會購買過多的數量，存放在家中，分別是文具類、衛生用品類、生理用品類。

再從文具類開始，往下發想第三個層次內容。

圖表 4-9　廖心筠老師演講大綱的下一層次的內容

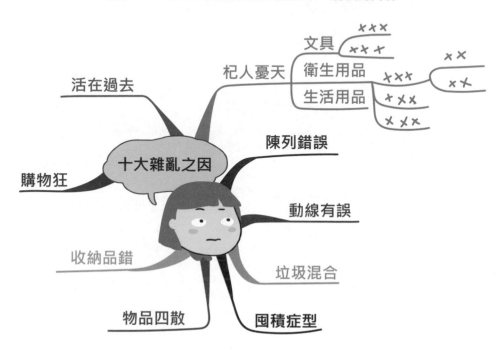

第三層次的內容是廖心筠老師的 knowhow，故無法公開。大家來動動腦一下，想想第三層，甚至是第四層次的內容要寫什麼。

第三步：重新檢視

看著已經完成的心智圖，審閱一下是否架構完整？內容完整？

第四步：自己練習

看著心智圖上的關鍵字詞，用自己的口吻，完整報告一次給自己聽，看看表達出來的流暢度如何？需不需要調整一下部分內容？

並重新思考一下，是否過於瑣碎？細節過多？會不會報告超時？需再刪減一下內容嗎？

第五步：定案後，重新繪製

心智圖定案後，有時間就重新再繪製一次，這張心智圖就是我們報告時的講稿囉。

第六步：上台囉！

若你真的上台簡報的經驗不多，很緊張怕忘詞，那麼你可以把這張心智圖帶上講台，就算你需要看著這張心智圖講稿，我保證你

絕對不會從頭到尾一直念稿子給大家聽，因為上面的文字量很少，你一定是偷偷看一下講稿，然後就對著大家侃侃而談，再偷偷看一下講稿，再對著大家繼續說下去。

　　若你的上台簡報經驗很多，即使你很緊張怕忘詞，你把心智圖帶上講台了，但我相信你到簡報完畢時，就會發現自己其實整場簡報都沒有去偷看這張心智圖講稿，也順利且完整地完成簡報。

第 5 章

維護人際關係

26 接洽個案或開發新客戶，需要準備哪些事？

心智圖是在我們原有的思考能力上，再加速、再提升。

也就是說，使用心智圖的前提是「我們要先有思考能力」。注意我的用語喔！我不是說「很好的思考能力」或「比人家好的思考能力」，而是「只要有思考能力」就能使用心智圖幫你進一步提升。

正常的公司，是不會讓業務新手自己去摸索如何做業務的，一定會有自家公司的業務訓練過程，才會放手讓業務新手開始去接洽個案或是開發新業務。因此，我們要懂得在前人的業務步驟上，運用心智圖來幫助我們更快熟悉、執行業務步驟。

小呂是個充滿幹勁且熱情的保險業務新鮮人，經過公司為期一週的專業知識訓練後，就要開始進行電話行銷工作。第一天工作下來就發現，其實被掛電話、被嚴厲拒絕的機會高達 99％，就像主管說的「一天打一百通電話，只要有一通成交就好了，所以要擴大打電話的數量來增加成交的筆數。」於是小呂開始思考：「我要如何在陌生的名單中，快速篩選出有成交意願的新客戶呢？」

第一步：整理專業知識

用心智圖整理專業知識的內容，方便在與客戶通話中快速搜尋。

 ## 第二步：寫下通話內容

寫下陌生客戶的第一通電話的說話內容，並以心智圖方式呈現，方便訓練聆聽能力與隨機應變。

 ## 第三步：彙整客戶拒絕的理由

每天用心智圖方式重新彙整客戶拒絕的理由，並跟主管討論該理由背後的動機。

圖表 5-1 彙整客戶拒絕的理由

第四步：討論應對內容

針對每項拒絕理由與動機，與主管討論對應的回答內容。最後以心智圖整理，方便快速搜尋。將此張心智圖貼在辦公桌前方，以隨時提醒自己聚焦，別被客人的拒絕理由牽著鼻子走。

圖表 5-2　可應對拒絕理由的話語

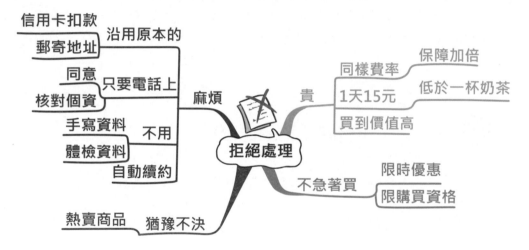

同時小呂依據上面的心智圖內容，也寫下文字稿，來模擬客戶拒絕的情境。

第一次不要

×××，很多卡友來電要求升等都不行耶！因為現在的醫療保障都很貴，因為您是特別篩選出來的優質卡友，您可以用同樣的費率，一天只多 15 元，保障立刻加倍，變成是 600 萬意外保障，普

通病房跟急診室 6 小時都是 4,000 元，加護病房 8,000 元，居家療養金都是 2,000 元。一樣用您原本的信用卡來繳款，這邊幫您做升等，沒有問題嘛！

怎樣都不要

- 這邊不是幫您多買一份保單，只是將您原本的保障升等，保障內容全部變 2 倍，通知到的會員都已經辦理完成，這邊就幫您辦理了，沒有問題嘛！

- 這樣未來的 10 至 20 年，您都不需要再調整醫療保單了。這邊就幫您辦理了，沒問題嘛！

- 以您的年齡來看，在外面的保險公司是買不到用這麼少的保費，得到基本一天合併起來 6,000 元（4,000+2,000），加護病房合併起來一天 1 萬（8,000+2,000）的保障。這邊就幫您辦理了，沒問題嘛！

27 如何有效率地管理客戶資料？

　　現在公司多數以電子形式來儲存客戶資料，或是電子檔與紙本檔並行吧？僅有少數的微型企業，因客戶數不多才會只以紙本方式建檔。

　　不管以何種形式建檔，都需以未來會如何進行搜尋的方式，來做為現在建立資料庫的方式。如同心智圖的核心概念一樣，先想好我們希望得到什麼樣的結果，就用什麼樣的方式來建立資料庫。

第一步：列出客戶資料的項目

　　運用心智圖列出「想要」建立的客戶資料有哪些項目，並思考每個項目對我們的重要性大小。

　　注意喔！我是說「想要」，而不是目前已經拿到手的。因為我們管理客戶資料是為了日後找尋資料方便，所以要先想好，我們需要哪些客戶的資料，再想辦法去取得這些資料。

第二步：歸納項目

依據使用的頻率來整理與歸納這些項目。可以採用這些方式來歸納：

1. 時間序：例如分成兩年前第一次交易的客戶、一年前第一次交易的客戶、今年第一次交易客戶、未來客戶。又或者分成三年前交易的客戶、兩年內交易的客戶、今年交易的客戶。

2. 交易過程：例如分成過去曾交易的客戶、交易中的客戶、即將交易的客戶。

3. 客戶類型：例如政府機構、組織團體、公司行號、個人。又或者學生、上班族、退休族。

4. 交易數量：例如大量採購客戶、一般客戶、團購客戶。

5. 公司規模：例如大型企業、中型企業、小型企業、微型企業。

以常用的搜尋頻率來思考輕重。心智圖的概念是越靠近中心主題的關鍵字表示越重要。越遠離中心主題的就是越旁枝末節的關鍵字。請好好思考一下貴公司對關鍵字輕重的看法為何，以貴公司的需要來建立。

圖表 5-3　有效管理客戶資料的分類

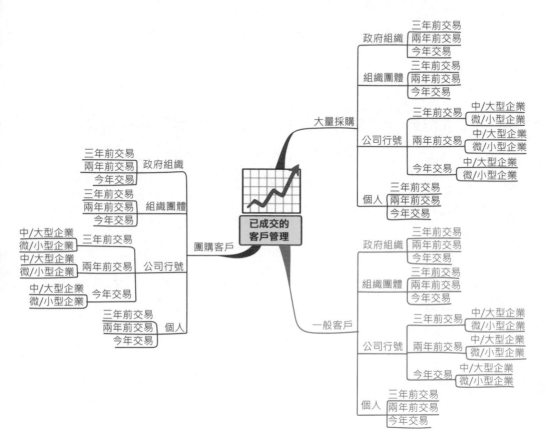

 第三步：電子和紙本資料夾的概念相同

不管是電腦或是紙本檔案夾，都用這樣的概念去建置。

在電腦的 C 碟中，設立第一個檔案夾名為「大量採購」；在「大

量採購」中設立四個檔案夾分別名為「政府組織」、「組織團體」、
「公司行號」、「個人」；在「政府組織」中分別設立檔案夾為「三
年前交易」、「今年交易」、「兩年前交易」。

其他部分以此類推。

28 一流業務如何辨識出 A 級客戶？

可以用這兩種衡量標準來進行客戶分級，X 軸是購買意願的強度，Y 軸是購買力的強度：

A 級客戶是有意願且有購買力，是現階段極具成交希望的。

B 級客戶是有意願但購買力不足，是未來極具成交希望的。

C 級客戶是沒有購買意願但有購買力，是未來極具成交希望的。

D 級客戶是沒有購買意願也購買力不足，現在應該要暫時放棄，因為最難成交，有多餘的空檔時間時才花心思在 D 級客戶上。

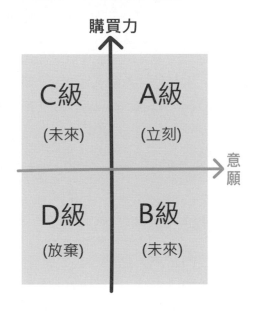

圖表 5-4　衡量客戶等級

購買力

C級 （未來）	A級 （立刻）
D級 （放棄）	B級 （未來）

意願

　　根據 80/20 法則（也稱為八二法則或二八法則），A 級客戶數量約占 20％；B 級與 C 級客戶總量約占 80％。

　　曾經聽過學員轉述他的老闆要求大家要努力去找出 A 級客戶，用 80％時間在 A 級客戶身上，用 20％時間在 B 級客戶與 C 級客戶身上。

　　我個人認為該學員的老闆講得不完全清楚，應該是將投入的時間與耗費的精神視為一體，我稱為「培養功夫」，把 80％培養功夫在 A 級客戶，因為 A 級客戶貢獻給本公司的收益最多，理應得到最好的照顧。

　　把 20％培養功夫用在 B 級客戶與 C 級客戶上。至於要照顧 B

級客戶後再照顧 C 級客戶？或先照顧 C 級客戶再照顧 B 級客戶？這個答案莫衷一是、說法不一，這可能跟行業別有關，也可能跟業務員個人心態或喜好有關，你應該先詢問公司內的高手前輩的經驗。

做為業務人員，要盡心照顧好 ABC 這三類客戶。因為平時沒有時時去培養 B 級客戶與 C 級客戶，是不會隨著時間過去就自動變成 A 級客戶的。

不過這四種客戶並非是穩定不變的，有可能隨著時間推演，A 級客戶因為某些因素而變成 B 或 C 級客戶，反之亦然；D 級客戶可能會變成 B 或 C 級客戶，也是反之亦然。

尤其是過去幾年的經濟大好，真的是如小米創辦人雷軍所說的「站在風頭上，豬也能飛上天」，是時勢造英雄。但這一、兩年的經濟情況不佳，這些英雄也飛不起來了。因此要定期去盤點一下客戶的狀況。若客戶主體是公司，可以用這四種方向來盤點。

圖表 5-5　盤點客戶時的思考方向

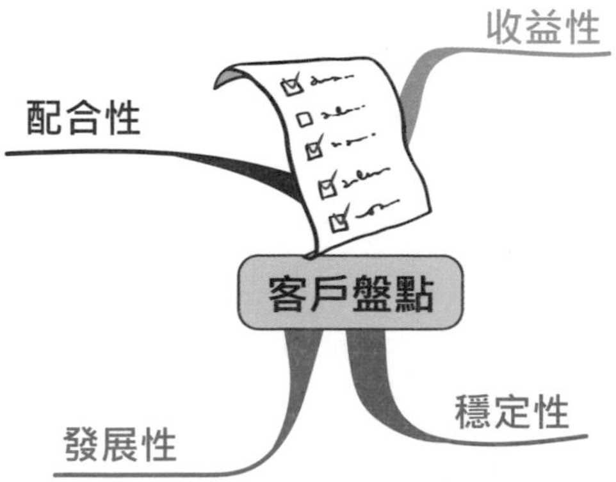

第一步：分析客戶的意願

先分析客戶的「購買意願」，也就是「配合性」，一個願意配合你的客戶，可說是對你公司有很大興趣的客戶，換言之，該客戶覺得你可以給他價值。各行業中的業務老手或是主管一定有自己一套獨有的分析項目，請向公司內的高手前輩或主管好好討教學習。

圖表 5-6　從「配合性」來衡量客戶等級

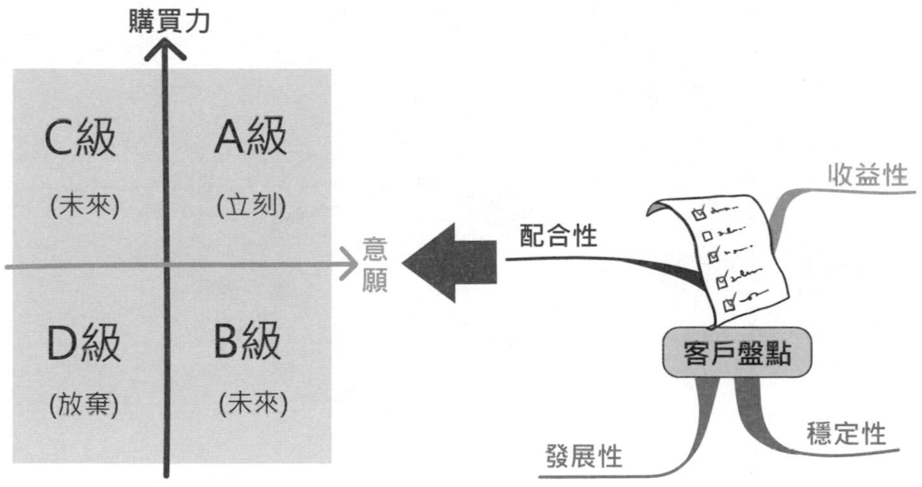

其中的「配合性」，可以對應到「客戶的購買意願」。

第二步：分析客戶的購買力

分析客戶的「購買能力」，看看目前英雄是已經或是未來可能

發展成大英雄呢？還是已經或未來有可能落難成狗熊？可以「收益性」、「穩定性」、「發展性」三個方向來看出。

　　「收益性」、「穩定性」、「發展性」可以從該公司目前的這些資料看出：對本公司採購的營業額變化、對本公司的利潤貢獻有何變化、營業規模變化、員工數變化、財務狀況、資本額。

圖表 5-7　綜合兩步驟的關聯性

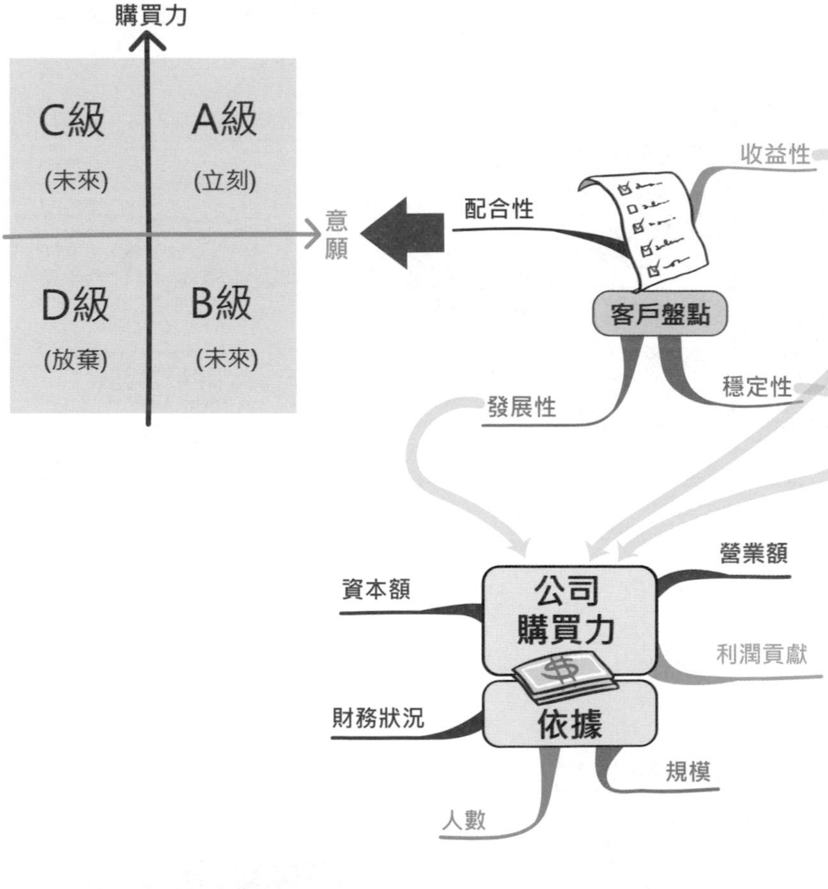

第三步：定期重新將客戶分級。

　　由於客戶的狀況並非穩定不變，為了更精確掌握商機，最好是
能每月、每季將客戶重新分級，隨時調整業務方向。

29 如何從各層面分析客戶？

傳統的觀點認為，行銷是銷售中的一段過程，但這觀點只適用於購買者對於品質、式樣不太挑剔的情況。

消費者有著個別化的需求、認知、喜好、購買標準，如果想要在競爭激烈的紅海中求勝或是找到新藍海，就必須要「認識我們的客戶」。

 ## 第一步：先釐清分析客戶的目的

「你分析客戶的目的是什麼呢？」換句話說：

「想知道客戶對你的想法是什麼？」

「想知道客戶對你的信任度有多高？」

「想知道客戶的購買力有多強？」

「想知道客戶的購買循環週期？」

「想知道客戶的購買意願有多高？」

例如，銀行現在都會進行 KYC（know your customer），目的是要分析客戶能承受的財務風險程度有多大。所有 KYC 的項目都要能與財務風險承受度有高度相關，分析起來才有意義。

打個比方，你覺得年輕人一定都是具有高冒險的心態嗎？年長者一定都是避免冒險的心態嗎？不是這麼認為的話，那麼「年紀」就不需要列入分析的項目之中。所以不要直接用常規的個人資料來分析客戶，那是不準確的喔！

 ## 第二步：找出訊息的相關性

思考此客戶分析目的下，應該要知道客戶什麼訊息才有相關性。一定要用相關性來擬定客戶分析的項目。

例如：30 歲在都會生活的單身粉領族，有人喜歡狗與貓，但更喜歡狗；有人討厭昆蟲、爬蟲類但喜歡狗；有人討厭昆蟲、爬蟲類、鳥類但喜歡貓；有人喜歡爬蟲類；有人是人類以外的動物統統都討厭。

所以，年齡、工作城市、性別、婚姻狀況皆與喜歡貓狗的關聯性並不高。寵物店建立這樣的客戶分析條件就不太具備意義。

可以先把不相關的項目先列出來，這也是找出關聯性的一種方

法。等於是用刪去法，一一把不要的刪掉，就能避免自己落入約定成俗的思考框架中。

 ## 第三步：反向角度來思考關聯性

我知道大家直接思考關聯性會覺得很困難，故我們可從反向角度來思考關聯性，以補思慮不周之處。

例如：想要養寵物的人常會受到家中地位高的人阻撓，例如：爸媽、未來公婆、配偶。如果我是寵物店老闆，我會將「是否一個人居住」列入分析條件中。

另外，有些人受到假資訊以訛傳訛影響，誤以為養寵物會給孕婦幼兒帶來傳染病，所以一旦懷孕生子，就會棄養寵物，或是寵物被家人偷偷丟棄。如果我是寵物店老闆，我會將「小時候家中是否養寵物」列入分析條件中。畢竟，小時候跟寵物一起長大的人比較不容易因懷孕生子而棄養。

 ## 第四步：整理歸納成心智圖

收納教主廖心筠專門幫助老是無法把家中物品隨時維持整齊清潔的人。與客戶及收納助手們進行收納前的溝通會議時，她想要能很快地與客戶形成共識，共識包含著讓客戶深刻地體認到自己的癥

結點，且能很快清楚整個收納團隊會怎麼協助他。

自從廖心筠用心智圖來製作客戶分析後，就能輕易的達到前述的兩個溝通目的。

廖心筠的某位 SOHO 族客戶有收納的問題（換句話說，這就是客戶的需求）心智圖，從右上角開始的第一條脈與第二條脈的內容是該客戶在收納上的整體性問題，其他脈絡為不同區域的收納細節問題。

圖表 5-8　分析客戶的問題

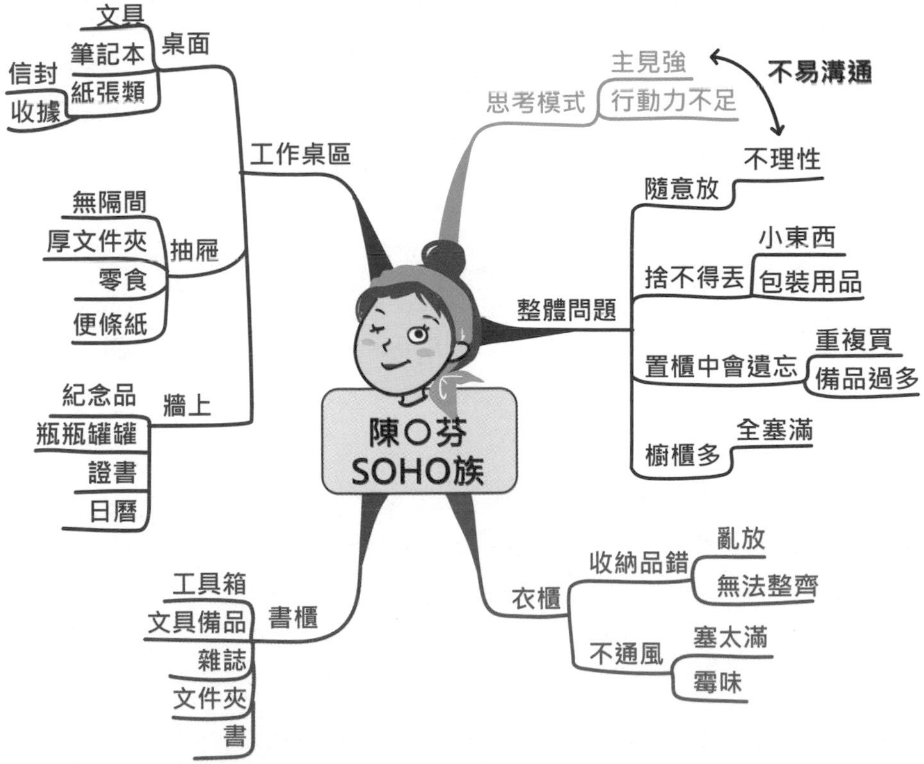

30 要怎麼跟客戶維持好關係？

大哉問啊！我覺得這是一種藝術，而不是一種技術。藝術，是因文化、因時、因地、因人而異的。我個人認為這個問題並沒有標準答案。

雖然坊間很多教你如何做好業務的大師或書籍，都會列出幾個步驟，或是寫出幾個他個人愛用且擅長的技巧讓人依循，但我們使用後會發現，自己的結果總不如業務大師說的那麼好。原因在於，業務大師對客戶的定義與定位，不見得跟我們一樣。

 第一步：抓準你在客戶心中的最大價值是什麼？

台北車站附近的南陽街，是極富盛名的補習街，在一條小巷子中有一家不到四坪大的小店「江阿姨蛋餅」，以便宜、料多、分量大聞名超過二十年，在老闆退休而歇業之前，自早到晚，不論何時，顧客都需要親自排隊等待 30 分鐘以上才能買到蛋餅。

「江阿姨蛋餅」兩名工作人員，一個不停地煎蛋餅，一個不停

地打包蛋餅，帶著口罩，面無表情地處理客人的訂單，從不多言，因為每天都有很多客人在等待，所以不理會客人無法久候的抱怨，也不會因為客人所提出不同要求，就改變自家的經營模式。

對「江阿姨蛋餅」來說，眼前等待的客人，是最重要的客人，只要維持現狀，就已經達成了開業的目的了。眼前以外的客人，他們所提出的需求都不需要滿足。

 ## 第二步：維持這項最大價值於不敗之地

只要客戶滿意你所提供最大價值，並且認為這項最大價值優於一切，那麼，你跟客戶的關係自動就不可被取代了。

我見過某業務經理，每年為公司帶進 3 億元的訂單，年年都是該公司業績最高的人。即使該業務經理常常在行政作業上有所疏漏，公司絕不會因為這些行政疏失而處罰他，因為他是幫公司下金蛋的母雞。同理可證，你不需要在客戶面前是完美的，只要客戶需要你的地方無法被他人取代，你就立於不敗之地。

台灣的 24 小時便利商店密度之高，是全世界數一數二的，近年很多倡導斷捨離的人，都會說：「只要把便利商店當你家倉庫就好，不需要在家中儲備很多備品。」

確實如此，便利商店具備了「想要買東西，隨時隨地都能買到手」的價值。這項價值很難被取代，對消費者來說就是最大價值。

　　我同樣以收納教主廖心筠為例，對她客戶來說，如何由廖心筠協助收納一次，就能維持未來永久不亂的室內環境，就是最大的價值了。這項價值的背後需要很多種能力的整合，至於是需要哪些能力，我就不贅述了。

　　廖心筠為客戶進行收納規劃，目標是將室內的每一件物品有邏輯且方便拿取地置入每個現有的收納空間中（若現有的收納空間不足，才會進行收納用品的採購）。

圖表 5-9　以客戶的需求為中心的收納計畫

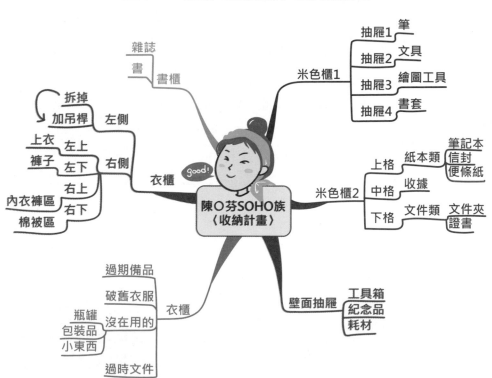

第三步：將多項最大價值彙整成心智圖

整理自己在客戶心中的最大價值有哪些，歸納成心智圖。

因為客戶千百種，所以，我們可以彙整出每個客戶最需要我們
的地方，這些地方就是我們難以被取代的價值。

31 與部屬溝通，要注意哪些事？

　　相信很多人應該已經產生一種想法──為什麼我看那麼多溝通的書，聽那麼多溝通的課，但我依舊無法跟那個人（可能是家人、同事、主管、部屬、客戶、親友等）或那些人溝通？？

　　只要談到「溝通」，都不能避開因文化、因時、因地、因人的影響要素。所以，我不談話術上的溝通技巧，也不談人性中不理性的情緒部分，我只談理性層面上所造成的「溝通落差」。

　　我觀察到容易出現的幾種溝通落差：

1. 部屬抓不到（聽不懂）我們表達的重點。

2. 部屬能抓到我們表達的重點，在重點的輕重上卻與我們認知不同。

3. 部屬有聽到，卻心想做不到。

　　這些統統可以運用心智圖來降低與部屬之間的溝通落差。

第一步：傳達自己的想法

將自己想要傳達出的想法、要求部屬達成的內容、希望部屬執行的做法，統統寫在心智圖上。

 ## 第二步：透過心智圖溝通

拿著心智圖給部屬看，依序將心智圖上的內容說出來。

這樣的好處是：

1. 部屬看到的關鍵字與我們心想的關鍵字一模一樣，就能避免我們以為部屬全聽懂，部屬也以為他全聽懂了我們要表達的重點，事實上部屬想的重點不一樣。

2. 部屬能從心智圖上關鍵字的位置精準地知道，我們要求部屬的重點孰輕孰重，不會將重要性弄反了。

3. 部屬能從關鍵字上看出我們全數的要求有哪些，不會聽了後面的內容就忘了前面。

4. 因為部屬明確且精準的知道我們所表達的要求，若有細節疑問需要溝通，也能精準地提出是那些細節。

5. 若部屬對我們所提出的內容與要求表示有困難，也能精準地回應哪些細節有困難與哪些細節可如期執行完成。主管能立

即思考與同步在心智圖上做調整，並再度與部屬進行細節的確認，能有效率地提高雙向溝通的效果。

　　總和來說，用心智圖來輔助溝通，如果主管是大腦，心智圖就像是運動神經一樣可以讓部屬做好手跟腳的執行角色。同時，心智圖也像感覺神經一樣，能讓部屬在聽主管講話的同時，可以同步將個人想法快速回應給主管。

　　前述的方式，僅限於部屬的專業知識還不足的階段使用喔！

圖表 5-10　把工作內容畫成心智圖

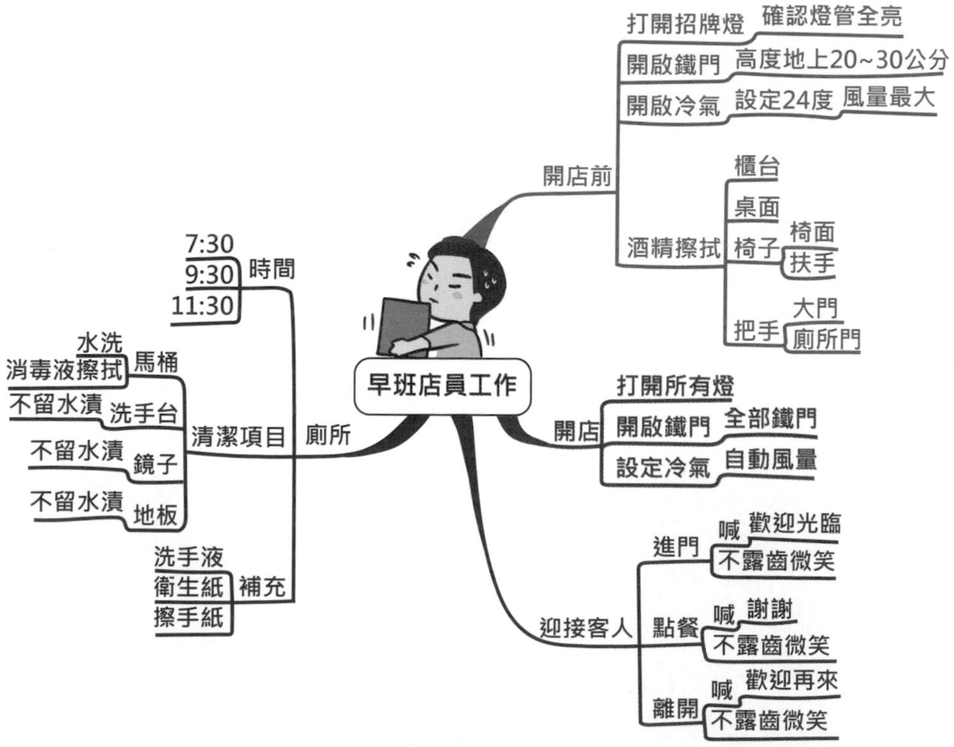

如果部屬已經具備部分獨立作業的能力時，就不該再由主管畫心智圖了，否則主管反而變成了幫部屬做筆記的書僮，或是讓部屬覺得主管過問的太細節而覺得綁手綁腳。這時，就要參考本章❸❷的做法。

32 | 與主管溝通，要注意哪些事？

　　我不想從人性的弱點與劣根性來談「如何與主管溝通」，畢竟，多數人都不是笨蛋，就如同林肯說：「你可以蒙騙所有的人一陣子，也可以蒙騙一部分人一輩子；但是，你不可能蒙騙所有的人一輩子。」有時，主管是裝傻，基於某些因素而假裝被你蒙騙過去了。

　　想讓主管對你說：「去吧！我全力支持你！」就得先讓主管相信你是可被信任的、你願意承擔責任、你夠有能力承擔責任、你是不會推卸責任的。

　　讓主管覺得你「可被信任的」，可能是來自於你的忠誠度，也可能是來自於你的未來成長性等。

　　責任會帶來義務，讓主管覺得你「願意承擔責任」，可能是來自於你過去願意犧牲了什麼，也可能是來自於你願意承認錯誤並主動修正，也可能是來自於你肯虛心受教等。

　　能力是知識加行動的整合結果，讓主管覺得你「夠能力承擔責任」，可能來自於你的邏輯夠清晰縝密，也可能來自於你的行動結果良好，也可能來自於你的不斷學習與付出等。

永遠別忘了，主管很忙，腦中會不停的思考（或許外表上看不出來主管正在思考中）。所以跟主管溝通時，第一要訣是不要浪費主管的時間，心智圖絕對是你的首選工具。

 ## 第一步：將想法用心智圖畫出來

將心中想要對主管報告的、溝通的內容，先以心智圖呈現出來。想到哪裡就畫到哪裡也沒關係，畫很亂也沒關係，一邊畫一邊改也沒關係，反正這是畫給自己看的，透過畫的過程來逐步釐清與建構出有邏輯次序的想法。

 ## 第二步：依照主管的思考習慣，重整心智圖

有些主管喜歡先聽結論再聽細節，有些主管喜歡先聽各種分析後再聽結論，平時就要注意聆聽主管說話，要掌握好主管習慣的思考順序，這是職場上必要的溝通能力。

不要讓主管聽你表達時，他的腦中還要轉好幾個彎才能理解你要闡述的重點。

看著第一步的心智圖 A，以主管喜歡或習慣的思考順序，再重新整理成另一張心智圖 B。

第三步：透過心智圖和主管溝通

　　帶著你的心智圖 B 去見主管。你可以一邊看著心智圖，一邊對主管表達你的想法。你也可以給主管看著你的心智圖，然後一邊說明給他聽。

圖表 5-11　主管喜歡先聽結論，再聽細節

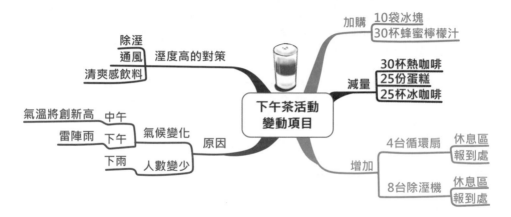

33 **與主管、同事、部屬共事，分別要注意哪些事？**

所有的思考不外乎深度與廣度，牽涉到與他人共事的時候，我們心中大概會有這些期望：

1. 對方能「主動幫我們」，「做到」多少的深入程度、細節程度、考量廣度，也就是他們能主動想到並具有良好的執行力。即第一象限，是得力助手型啊！

2. 對方能「依循我們的指令」，「做到」多少的深入程度、細節程度、考量廣度。即第二象限，是能聽懂主管的話，照主管意思做，有良好執行力的人。

3. 對方能「主動幫我們」，「想到」多少的深入程度、細節程度、考量廣度。即第三象限，是具備舉一反三的能力，在主管開口之前，能先想好下一步或需要注意的事項，甚至可以成為主管的軍師。

4. 對方能「依循我們的指令」，「做到」多少的深入程度、細節程度、考量廣度。即第四象限，需要主管明確引導思考方向與交辦執行步驟，才能完成事情。

最完美的就是第一象限助手——得力助手型，不用主管開口就能把事情想好也做好。最耗費主管心神的是第四象限助手——菜鳥型，專業知識與執行能力都不足。

圖表 5-12　分析主管、部屬的象限

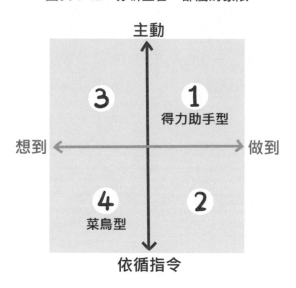

我們是主管心中的哪一個象限呢？

每一位部屬又位在我們心中的哪一個象限呢？

第一象限的得力助手型，是公司內的 A 級人才，務必好好善待之，要讓他盡情地發揮優點，別讓他的心委屈而掛冠求去喔。在構思與執行時，都會主動來進行回報，都不需要主管事必躬親地過問。我認為僕人式領導很適合 A 級人才，他們能進行自我激勵、自我成長，根本不需要別人來管理他，他會自己主動管理自己。

第二象限是 B 級人才，要給他機會去成長，要協助他發揮執行上的優點，加強其系統性思考上的能力。我認為「關鍵績效指標」（KPI）或「目標和關鍵成果」（OKR）適合用來管理第二象限的人。（見第 3 章 ⑲）

圖表 5-13　把第 2 象限的 B 級人才培養成第 1 象限的 A 級人才

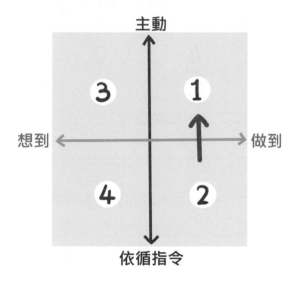

　　第三象限也是 B 級人才，同樣要給他機會去成長，要協助他發揮系統性思考上的優點，盯緊其執行上的進度。我認為「關鍵績效指標」（KPI）或「目標和關鍵成果」（OKR）也是適合用來管理第三象限的人。（見第 3 章 ⑲）

圖表 5-14　把第 3 象限的 B 級人才培養成第 1 象限的 A 級人才

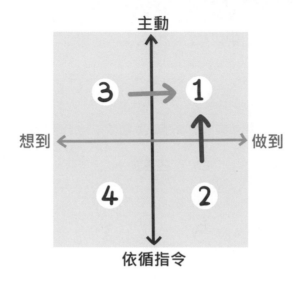

第四象限是暫時性的 C 級人才，換句話說，這是被放錯地方的 A 級或 B 級人才！先依照公司目前的需要或是依據他的專長與專業，來決定調整路徑，可以是 4 → 2 → 1，或是 4 → 3 → 1。

圖表 5-15　把第 4 象限的 C 級人才先培養成第 2 象限的 B 級人才

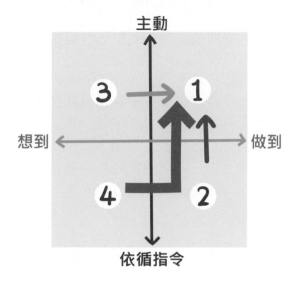

圖表 5-16　把第 4 象限的 C 級人才先培養成第 3 象限的 B 級人才

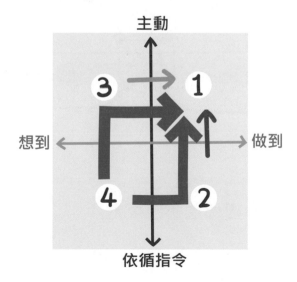

第一步：評估自己或部屬在哪一個象限

對照四個象限的空間位置，我們以心智圖來填寫每個人的所在象限。

如果我們是主管，就該思考怎麼調整這四種象限的部屬工作，好讓他變成我們的得力助手。

如果我們是部屬，也是一樣要思考如何進行個人成長的路徑，或主動跟主管溝通自己的工作內容，好讓自己變成主管的得力助手。

圖表 5-17　評估同仁的類型

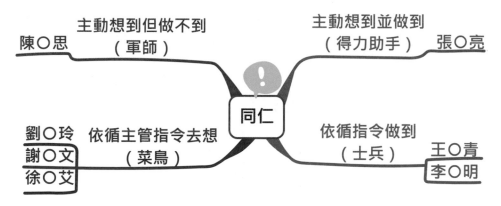

 ## 第二步：別變成主管眼中釘

如果你已經是主管眼中的得力助手型了，還要記住一件事情，

別變成了主管的眼中釘喔！

　　我想坊間有很多教你臉皮厚且心要黑的「厚黑學」，或是教你如何隨時保持著腹黑心機的書籍與課程，你可以自己去找尋並閱讀一下有關於這一類的人性弱點，好讓自己不會變成眼中釘。

　　同樣的，如果部屬是你的得力助手，請大人有大量，別把 A 級人才當成眼中釘來對待，要禮賢下士，讓人才為你所用。

第 6 章

掌握管理要領

34 主管搞不清楚狀況或不明示規則，該怎麼做？

　　管理是處理事物的一種活動，包含著控制、組織、負責、有效率這幾項要素。向下管理，是公司職位給予了我們理所當然的權力去管理部屬。一旦主管不是助力，反而是工作效率上的阻力時，我們除了向下管理，我們也要向上管理。這部分仰賴我們與主管建立有效率的溝通模式。

　　曉清的直屬上司退休了，於是公司把其他單位的主管調過來，新主管是個急驚風且控制欲極強，常常念頭一閃，立刻把曉清叫到跟前，想到哪裡就說到哪裡，從不把事物的由來或前因後果交待清楚，就要曉清立刻去執行。或是對於曉清送交上來的企畫案，放著好幾天不指示。或是指示時含含糊糊地不明確指出需要調整的方向，就要曉清立刻再去修正。

　　曉清知道抱怨主管是沒有用的，所以決定用心智圖來對主管進行向上管理，著手建立良好溝通模式。

第一步：一邊聽主管交辦，一邊畫心智圖

主管說：「曉清，你年輕又伶俐，需要你教導第一小組的成員，告訴他們如何使用粉絲團來宣傳。」

在主管交辦完事項時，一邊動手畫心智圖筆記 A，畫完後向主管確認內容是否無誤。

圖表 6-1　以記錄完整為主，不拘泥於顏色

 第二步：思考後，重畫心智圖

回到座位後，看著心智圖筆記 A，再重新思考自己還需要哪些訊息才算足夠，將疑問與目前所掌握的想法重新畫一張心智圖 B。

圖表 6-2　進一步思考後的心智圖

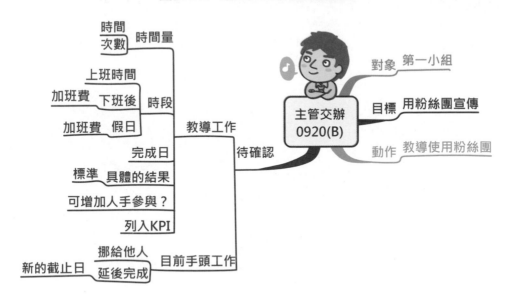

 第三步：與主管達成共識

　　拿著這張心智圖 B 再去找主管溝通與確認想法。同時直接在心智圖 B 上，將主管的意見與討論後的共識填寫進來，再讓主管確認一次。

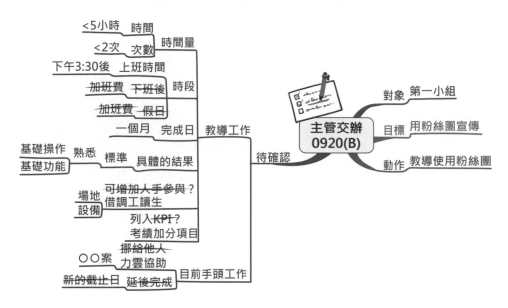

圖表 6-3　與主管確認，達成共識 [*]

第四步：擬定計畫

看著最後這一張的心智圖 B，開始擬訂自己的執行計畫與內容。

---

[*] 勞基法規定，若要求員工下班後一定要參加公司內部的訓練課程，必須要給予加班費。若不是強制員工必須參加，是自由參加，就不需要給予加班費。

圖表 6-4　擬訂執行計畫與內容

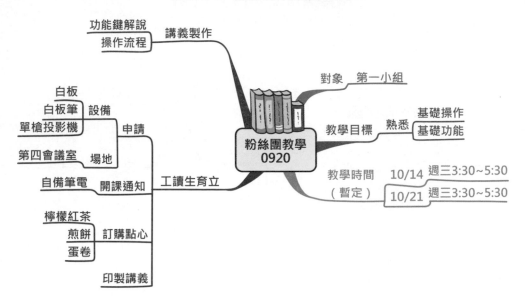

35 臨時接到主管交辦工作，如何快速處理？

　　先回答「工作太多」這個問題，正常情況下，羅馬不是一天造成的。工作量太多，大概是三個人造成的：第一個人是主管，他派下的勞務分配不均或是主管計畫的時程安排有疏失；第二個人是自己，我們眼高手低地接下太多任務，或是習慣拖延導致截止日前工作量暴增；第三個人是老天爺，人生總有意外導致工作時間變得很緊張。

　　若是自己眼高手低地接下太多任務造成的，我們可以從認清自己在工作表現的強弱項來改善。若是習慣拖延者，可以透過合格的精神科醫師或諮商心理師（大陸稱之為心理諮詢師）協助自己找出拖延的心理因素來改善。

　　若是老天爺造成的，偏偏老天爺是無法以人為控制的，我們只能一開始就在每日的工作行程中安排好給老天爺造化弄人的時間。至於時間要給多少，這又是因行業或因人而異了，沒有唯一的答案。

　　接下來，我要說明的是因為主管而造成的工作太多或臨時接到主管交辦工作，如何快速處理？以下的內容，是引導大家運用心智圖來進行時間管理。

第一步：利用心智圖建立週行事曆

平時就建立工作的週行事曆，用心智圖來建立是能幫助大腦見樹又見林的好方法。

看個人需求，心智圖行事曆可以分成工作上一份，私人生活一份，或是將工作與私人合成一份。接下來請與第3章⓱內容一起閱讀。

第二步：調整行事曆

綜觀整週行程，來調整本週行事曆。

有了這樣的記錄過程與記錄本，當臨時工作交辦下來時，我們就能有憑有據地思考手上工作該如何調整執行順序。也能增強拒絕臨時來的干擾事項的勇氣。

即使有些工作必須得延後處理，也會知道該如何與相關人等進行具體且有效的溝通與協調。

永遠記得：面對時間管理時，先多思考，後快速行動！

現在是週四上午 9:00，主管要求依珊接下一份很急的新任務，明天一定要完成。依珊先在腦中簡略盤算了一下新任務所需耗費的時間，再看一下目前的行事曆，明天週五必須要完成的事項有三件，依珊知道明天無法完成這四件事情，這時就可以攤開行事曆跟主管商討一下這四件事情的輕重緩急。

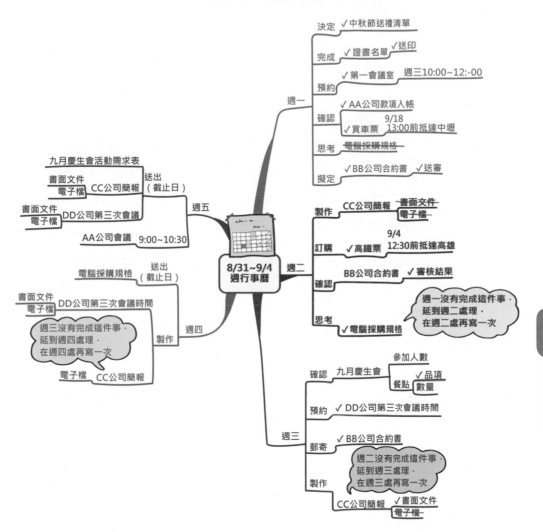

決定　√中秋節送禮清單

完成　√證書名單　√送印

預約　第一會議室　週三10:00~12:-00

確認　√AA公司款項入帳
　　　√買車票　9/18 13:00前抵達中壢

思考　電腦採購規格

擬定　√BB公司合約書　√送審

週一

製作　CC公司簡報　書面文件 電子檔

訂購　√高鐵票　9/4 12:30前抵達高雄

確認　BB公司合約書　審核結果

思考　√電腦採購規格

週一沒有完成這件事，
延到週二處理，
在週二處再寫一次

週二

確認　九月慶生會　參加人數
　　　餐點　√品項 數量

預約　√DD公司第三次會議時間

郵寄　√BB公司合約書

週二沒有完成這件事，
延到週三處理，
在週三處再寫一次

製作　CC公司簡報　√書面文件 電子檔

週三

8/31~9/4
週行事曆

九月慶生會活動需求表

書面文件 電子檔　CC公司簡報

送出（截止日）

書面文件 電子檔　DD公司第三次會議

AA公司會議　9:00~10:30

週五

電腦採購規格　送出（截止日）

書面文件 電子檔　DD公司第三次會議時間

週三沒有完成這件事，
延到週四處理，
在週四處再寫一次

製作

電子檔　CC公司簡報

週四

36 每個部屬的特質都不同，如何帶得動人？

職場上常聽到資深員工抱怨年輕員工是草莓族、天兵、媽寶，說實在的，這些話語根本是代代相傳啊，不管是三十年前或是五十年後，肯定還是會聽到資深員工抱怨年輕員工這些地方的。

人都是從經驗中成長，在學校中的生活與處事經驗絕對跟職場不同，所以剛進職場的人必定會犯錯，也必定是在主管或是資深同仁的教訓中學會職場能力的。

首先，資深的職場人別忘了你以前犯錯的樣子了。年輕員工也別在乎被罵，因為你真的會經驗不足而犯錯，犯錯被罵不可恥，可恥的是犯錯後死不認錯，或是犯錯後用離職方式來逃避認錯。

接著，「帶得動人」，這種說法我一直覺得很奇怪。不能配合公司要求的人，為什麼不讓他調職或是開除他呢？

撇除部屬因為身心因素而無心工作外，主管覺得部屬帶不動，正是部屬對主管的管理方式有所不滿或是質疑的具體特徵。若原因出自於這位部屬被放錯了職位而失去行動力或欲望，那麼主管應該立刻請人資單位好好地跟部屬談談，是否將部屬調職。若是主管遲遲不將部屬調職，那只是折磨自己也折磨部屬，這對公司來說是耗

損了兩個人力。

也請各位主管別把人資的工作攬在自己身上，我們都已經覺得部屬帶不動了，表示部屬潛意識中已經對我們反感，最好是由有決定權的第三人來了解部屬的想法，並為部屬安排適合的單位。

主管應該在部屬開始帶不動前，就要了解每個部屬，並安排適合的任務給他。別忘了，順序是「找對人→做對事」。「找對人」的意思是人要放在對的地方，才能把事情做對，發揮最大綜效。

人放在錯的地方，就算是「做對的事情」，最終結果也會「把事情做錯」，部屬是這樣，主管也是這樣。

我曾見識過一位能言善道的 A 主管，美其名是「他相信大家都有無限可能性，且要給大家成長的機會」。說得難聽點，「他相信人都是可以被勉強的，故給予部屬高標準與高壓力，要求部屬要一直突破自己的能力界線」。

換言之，A 主管總是勉強部屬不斷接下討厭的任務，就像逼一個討厭英文的小孩，天天去補英文，每天寫好幾個小時的英文考卷；並要求部屬一定要達成高目標，就像逼小孩每次英文考試都要拿滿分；如果部屬沒有達標就是部屬不夠努力，就像是無法考滿分的小孩就是不認真的小孩。猜猜看，你覺得 A 主管的部屬，平均會在他麾下待多久時間呢？

答案是他的直屬部屬若能待滿一年，就算是該單位的資深員工了。直屬部屬有 80％機率會在半年內離職，且再也不願意跟這家公司有所聯繫。

我觀察 A 主管近十年來，在他麾下超過一年的只有一人，這個部屬算是一個缺乏自主思考能力的人，就像機器人一樣，給他一個口令，他就執行一個動作，絕不少做，但也不會多思考或是多做。在人工智慧 AI 的年代，多數主管並不想要像機器人一樣（給一個口令才會做出一個動作）的部屬，所以這個部屬也很難轉職或轉業。

A 主管是被放錯位置的主管，很多有自主思考的部屬都被他趕跑了。A 主管的上級主管，若能早早將 A 主管交給人資處理，也就不用每年都在檢討公司離職率太高的問題了。

所以，不管是處於公司組織哪個階級的人，都應該了解你的部屬，如此所有同仁才不會耗損工作心力在工作事物的旁支末節上。

第一步：分析部屬的做事風格與做事喜好

在 21 世紀，除了內戰國家與獨裁國家，多數人從小到大根本不會連續好幾天餓肚子，故已經不太會為五斗米折腰，工作是為了讓自己更好，而不是為了吃飽，

如果你的部屬是有自主思考能力的人才，當主管的人必須主動了解每個部屬看待工作的角度，是讓大家工作開心的必要行動。

分析部屬不是為了要討好部屬，職場中每個人都是來付出自己來達成公司目標，進而成就自己。若討好部屬，就相當於是把部屬的責任攬在自己身上，會把部屬養成媽寶的。

可以回到第2章圖表2-2、圖表2-15、圖表2-16，以相同的概念，換成分析部屬。

圖表 6-6　分析部屬

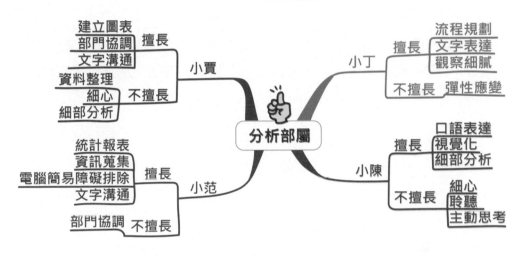

 第二步：以三種角度來分析該組織能力架構

我們可以依照哈佛大學商學院副教授克雷頓・克里斯汀生（Clayton M. Christensen）的研究結果來分析組織能力架構。

克雷頓・克里斯汀生說：「有些經理人常以為，如果負責個別專案者具備完成工作的必備能力，那麼所屬組織也有能力獲得成功，但事實通常不是那樣的。我們可以把兩個能力相當的團隊，放在兩個不同組織內工作，結果兩個團隊的工作成效或許就有顯著差

異。這是因為組織本身也具有能力，而且這項能力跟組織成員及組織內部其他資源無關。……為了持續不斷地成功，優秀經理人不但必須精通為適當工作挑選、訓練和激勵適當人選，也必須擅長為工作挑選、打造並準備適當的組織。」*

　　第一張心智圖主題為「組織能力－資源」，可以從這些項目來思考：人員、設備、技術、產品設計、品牌、資訊、現金、與供應商關係、與配銷商關係、與顧客關係。

---

* 引述自《創新的兩難》（*The Innovator's Dilemma*），雷頓・克里斯汀生著。

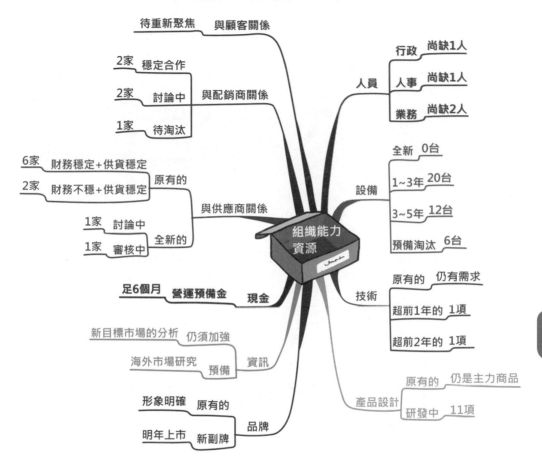

圖表 6-7　組織能力－資源

　　第二張心智圖主題為「組織能力－流程」，可以從這些項目來思考：正式流程（有清楚定義，有可見紀錄）、非正式流程（經過時間演變而成的慣例或工作方式）、組織文化（讓人自然而然地遵照這些方式）。

圖表 6-8　組織能力－流程

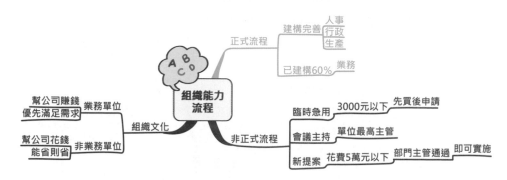

圖表 6-9　組織能力－價值觀

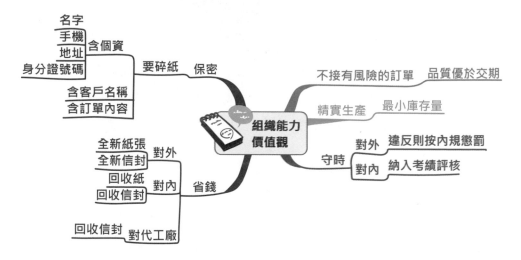

　　第三張心智圖主題為「組織能力－價值觀」，組織決定各事項的優先順序時，所依據的標準就是價值觀。價值觀界定出組織能做什麼、組織不能做什麼。

第三步：透過心智圖整體思考

　　將第一步與第二步中所有的心智圖一起攤在桌上，整體思考一下，帶不動人的關鍵環節是出在哪裡，要不要重新調整一下每個人的職務與單位呢？

　　所有當主管的人，都得千萬留意，別不小心讓自己變成像 A 主管那樣，不斷地耗損公司人才並讓人才含恨離開。

　　調整的終極目標是「將對的人才放在對的位置上」。確定把人才安排到具備能力的組織中，是管理階層必須負起的重責大任。

37 發生流程瑕疵，怎麼妥善處理，避免再次發生？

公司組織是以上下層級為基礎概念來建立的，所帶出公司制度也必須吻合上下層級的權力與義務而有所不同。

我個人認為中國人「愛講面子」，正是導致華人職場問題的關鍵因素之一。雖然愛面子是人性，但愛面子愛到可以接受自己開始虛假跟說謊 *，那已經走在目中無人且目無法律的路上了。

如果我們願意撇開面子問題，誠實地面對每天工作的每一項任務與環節，萬一發生了流程瑕疵，都能夠很容易地避免再次發生。我知道你心中肯定在說：「這是理想世界，在我工作的公司環境中是絕對做不到的」。我要反問你：「難道要因為目前事情看起來有難度，就要立刻放棄嗎？難道我們不再試著用別的方法來思考一下了嗎？難道再試著換個方法來思考會吃虧嗎？」

---

* 善意的謊言也是一種謊言，且此處談的不是善意的謊言。善意的謊言必須出發點是完全為了他利而沒有絲毫自利的部分，才能稱得上是善意的謊言。只要有一絲一毫的自利在裡面，例如「為了讓自己心裡好過一點」，就不算是善意的謊言。

第一步，用心智圖進行問題分析

要解決問題，最關鍵的步驟就是先了解問題。問題可分成三種：

第一種問題是顯而易見的問題，是已經火燒屁股的問題，稱為「恢復原狀型問題」，例如客訴、犯錯、失誤、異常等，首先目標是順利把這項問題解決掉，讓事情恢復成原來正常的情況；接著就要思考如何讓這項問題再也不會發生。

第二種問題，是未來有可能會發生的，稱為「防範未然型問題」，不管發生的機率是 0.01％ 或是 99.99％，都要好好的正視，讓我們現在就以 99.99％ 的發生率來構思最壞的打算，思考如何避免這項問題的發生。

第三種問題，是想辦法讓它在未來發生，稱為「追求理想型問題」。以創造我們心中完美無瑕的未來為思考出發點，去構思如何執行這項事物。

本節的問題是：「發現問題後如何妥善處理，並避免未來再次發生？」是屬於第一種問題。

處理問題時，若不依據事實或是一廂情願的想法，反而會讓組織遭遇更多的挫折跟阻礙。處理問題反製造出更多後續的問題，可從平時生活中見到很多這類的例子，比方說藝人外遇被媒體曝光，另一半立刻矢口否認或表示支持，之後幾年還是離婚了。

不斷重複進行舉一反多的水平思考與歸納整合的收斂思考，可以讓我們逐一建構出系統化的思考脈絡。

　　我不禁回想起十年前的一幕，晚上 6:00 左右，總機小彤眼前的參加者以高分貝音量在抱怨：「為什麼活動改時間了不打電話通知我，讓我今天白跑一趟了？」

　　小彤冷靜地說：「因為昨天豪大雨淹水，場地積水未退，我們也是臨時收到活動延期通知，把這一週的活動全部順延一天。昨天中午我們就發送簡訊通知了。」

　　年約 65 歲的參加者繼續高分貝抱怨：「難道妳們不知道年紀大的人不會看簡訊嗎？為什麼你們不打電話給我？」

　　小彤冷靜地說：「我們一共有三百多個人要聯絡，無法一一用電話通知，所以全部用簡訊通知。」

　　參加者降低了一點分貝，但仍高聲抱怨：「反正我現在人已經到了，你看看你們有什麼活動可以讓我參加？」這時我的朋友來了，我們就離開現場，一同去參加活動了。

　　各位讀者，你可以用這個例子來想一想，有可能出現哪些原因，使得活動改期的通知無法讓參加者順利看到呢？

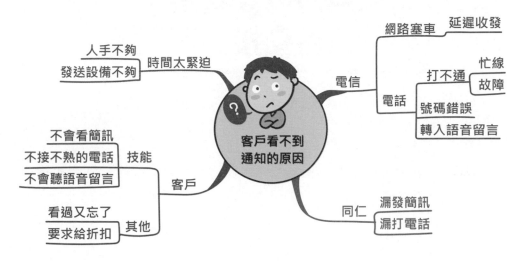

圖表 6-10　分析各種可能的原因

 ## 第二步：找出原因

撇開面子的問題，誠實面對良心，總合出最關鍵的一項或幾項原因。

 ## 第三步：對症下藥

針對原因，對症下藥，重新擬定工作流程。

38 同事或自己要離職，如何完善交接，不疏漏？

站在主管或是 B 的立場，A 交接給 B，絕對是希望 B 在交接後就立刻全部上手。

若是 A 與 B 本來的職務內容相似度很高，或是互為職務代理人，只要交接內容完整，基本上 B 是能很快上手的。

但若 A 與 B 原本的相似度很低，就算交接的檔案內容都很完整，B 也是得花一段時間摸索才能到達上手的程度，這一點請各位主管要有雅量包涵，B 也別太苛求自己。

正因為沒有工作手冊，常會讓接手的 B 遇到事情時，即使知道手上有哪些資料項目，也只好打開一個個的檔案，閱讀過很多的檔案後才會知道要怎麼做。

交接工作，就是把工作手冊、書面資料、電子檔案、設備與工具，這四項全交出去。但現實中，絕多數的公司根本沒有把「建立職務的工作手冊」納入員工的日常工作內容中，平時也沒有教導員工要怎麼寫工作手冊，導致員工要離職時，才開始要做這件事情，並且不知如何下手。換言之，如果平時就建立每項職務的工作手冊，那就不用擔心交接問題了。

閱讀到此處的讀者，可別誤會，以為工作手冊僅對交接工作有莫大的幫助喔。當公司要做 ISO 國際標準認證，一定會被要求建立工作手冊，完善的工作手冊可以維持穩定的工作品質，這部分不再贅述，有興趣的人可自行查詢相關訊息。

　　你肯定會問：「現在工作環境變化很大，我的職務內容時常變動，不就要常常改工作手冊？」

　　當然啊！工作手冊如果超過半年都沒有更改，這份手冊就是過時資訊。本來就該常常改工作手冊，只要工作項目或流程一有改變，就要修改工作手冊啊！我常常不解，職場工作又不是中小學的學校考試，為何大家總預設工作手冊的內容是萬年不變的呢？心智圖是用來建立工作手冊的良好工具喔，讓你方便建立，也方便修改，更查詢方便。還可以運用超連結概念，在心智圖上加上檔案名稱，這部分以心智圖軟體來繪製是比較好用的。

　　如果手上沒有最新版工作手冊心智圖的人，請依照第 3 章 ⓰ 內容開始製作吧！交接時，就將這些心智圖跟工作時所需要的電子檔案交出去就行了。

圖表 6-11 交接清單

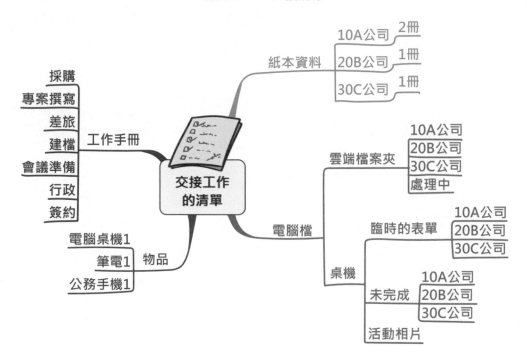

第 7 章

減輕心理壓力

39 每天雜務很多，不心煩處理的訣竅有哪些？

心煩意亂，會出現在我們「不知如何下手」與「急著想要立刻解決問題」時。第二種情況跟個性有關，在此不討論。

面對事物不知如何下手時，最好用的思考工具就是心智圖！

第一步：列出全部的事務，排入艾森豪矩陣

我們先把手上的事務全部列出來，我們可以運用美國艾森豪總統提出的工作管理方式（被稱為艾森豪矩陣），依照急迫性與重要性將事務分成四類：第一象限：重要＋緊急；第二象限：重要＋不緊急；第三象限：不重要＋緊急；第四象限：不重要＋不緊急。只要能釐清處每件事務該歸屬於哪一個象限，我們就能心平氣和地開始處理了。

圖表 7-1　艾森豪矩陣

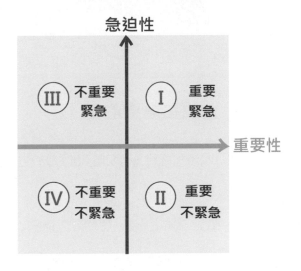

圖表 7-2　把艾森豪矩陣畫成心智圖

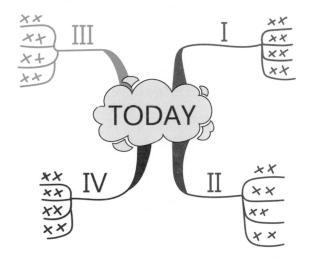

這裡的順序是依照艾森豪矩陣的象限號碼來排列：右上角的脈

絡是第一象限；右下角的脈絡是第二象限；左上角的脈絡是第三象限；左下角的脈絡是第四象限。

 ## 第二步：把心力放在重要的事

依據 80/20 法則，我們應該將 80％時間心力放在第一與第二象限，20％放在第三象限。

第四象限的內容，應該立即拒絕、想辦法拒絕或外包出去。

一般情況下，我們會因為事情已經火燒屁股了，而直覺性地先去處理第一與第三象限，再處理第二象限。但根據艾森豪矩陣的概念，應該每天要盡可能地事先處理第一跟第二象限，將第三象限的事務轉移或是外包出去，如此一來才不會隨著時間過去，而讓第二象限的事務轉變為第一象限。

過去多數以條列式清單方式來列出今日的待辦事項，容易驚訝於清單上的數量而心情不好，產生一種想要放棄一切的怠惰念頭。也容易先挑選清單上看起來較簡單、容易完成的事情來做，結果一天過去了，僅完成了一些枝微末節的雜務而延遲了重要的事。

用心智圖製作今日的待辦清單時，會促進大腦不斷思考該將此事分類到哪一個象限中，同時也會讓四個象限中的數量一目了然，更容易看出導致時間不夠用的根本原因。

**生活各種煩惱讓心事重重，
如何不影響工作？**

坊間有很多書籍引導我們去認為負面情緒是不好的，應該要盡最大的努力讓它消失，美其名為控制情緒，實為壓抑情緒。美其名為紓解情緒，實為掩飾情緒或忽視情緒。

我個人是這樣想的，在地球上的一切（不管是看得見的或看不見的）都會遵守牛頓三大運動定律，壓力是遵守著作用力與反作用力的定律。我們用越大的力量去調整壓力，就會引發更大的反作用力。

圖表 7-3　作用力與反作用力

它就在那裡，越是用力推走，
它就給你更大的阻力

背對它，不去理會，
看似零阻力，但它永遠在你身邊

反作用力也是一種能量，會遵守能量守恆定律，這股反作用力會換成另一種做功的形式，返還到我們自身，例如：產生壓力胖、心理疾病、身體荷爾蒙失調、免疫系統失調、自怨自艾、不斷貶低他人來滿足自尊等。

我認為最有效的方式是去接受自己負面情緒，然後自己要改變視角、觀點、想法，用正視的態度去處理負面情緒。

圖表 7-4　　處理負面情緒的態度

承認負面情緒的存在，
跟負面情緒一起向前，
讓它成為支撐我們的墊腳石

負面情緒

瑜新從花蓮到台東工作，為了讓同事小業滿足養兔子當寵物的願望，特地自掏腰包在工廠前院中鋪設了一小區的人造草皮與小圍牆，領養了兩隻兔子讓小業能天天在工廠內照顧牠們。

沒想到才養一週而已，瑜新聽到其他同事竊竊私語地說：「瑜新真沒有品味，把養兔子的區域裝飾得真難看，而且那兩隻兔子長得也不可愛。」

　　瑜新簡直氣炸了，氣到一整天都無法專心工作，心中一直在盤算：「我布置寵物區的眼光，以前在花蓮可是大受好評，人人稱讚呢！如果我找到新工作，我一定要立刻離職，遠離你們這些沒有水準的同事，我要回花蓮跟有眼光的同事共事！」

第一步：寫下所有負面情緒

　　承認自己所有的負面情緒，全數寫下來。

　　我能強烈地感受到瑜新內心的受傷程度有多大，與傷口有多深，我讓瑜新先面對自己的情緒，不論是什麼想法，不用管用語好不好聽，全數寫下來。透過書寫也能讓自己的情緒先平穩下來，才能開始讓理性與情緒達到平衡點。

第二步：轉念看待負面情緒

　　運用轉念的方式，也就是轉個 180 度的視角來看待負面情緒。將第一張心智圖上的所有負面情緒，換成正面的用語來寫第二張心智圖。

圖表 7-5　把負面情緒畫成心智圖

圖表 7-6　用心智圖轉念

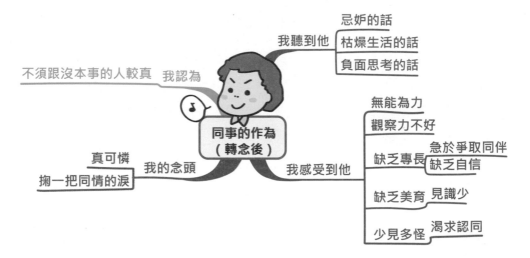

　　第二張心智圖上的文字，要由改寫第一張心智圖的文字而來，
例如：「酸言酸語」改成「忌妒的話」。

第三步：把心思轉向未來

我個人覺得不一定需要有這一步，書寫的數量也不重要。

有時，我們就只是想要將情緒發洩出來，並沒有想要做什麼不同的行為。但如果你想到一些自己可以單獨一人做的積極作為，也可以寫下來，讓自己能將心思著重於美好的將來，而不是沉溺在情緒中。

41 討厭的工作，讓壓力暴增，如何紓壓？

「討厭的」工作，表示我們現在的感性大於理性（情緒大於邏輯）。只要會讓我們感到心裡不舒服的事物，都會讓我們感到壓力。

圖表 7-7　理性與感性的天秤

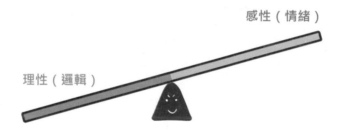

理性與感性（情緒與邏輯）在同一段時間中，就是位於天秤的兩端，感性（情緒）作用時，理性（邏輯）就不太能作用。

　　根據心理學家研究，情緒等於感受加解讀。令我感到討厭的，重點字落在「我感到」，而不是「令我感到」。

圖表 7-8　情緒的關鍵

我的　　我的　　我的
情緒 ＝ 感受 ＋ 解讀

關鍵點在「我的」二字上

圖表 7-9　懊悔、自責與憤怒的情緒

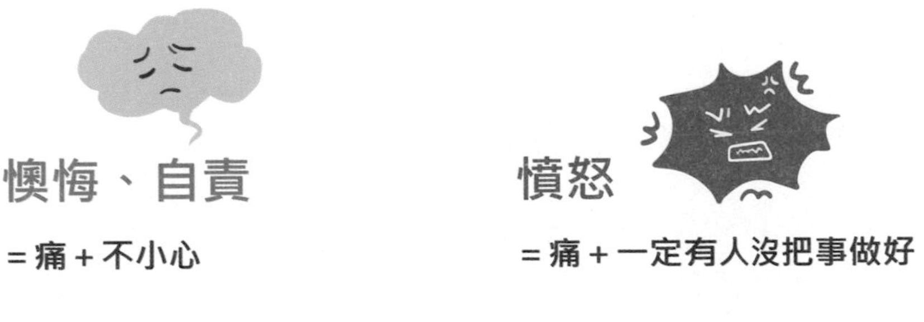

懊悔、自責
＝痛＋不小心

憤怒
＝痛＋一定有人沒把事做好

　　我走路時因為路面不平整而踢到凸起處，使得腳扭到了，當下我的情緒組合成分可以是等於「腳痛」加「我沒有專心走路而不小心」，使得我產生的情緒是「懊悔、自責」。或是我的情緒組合成分可以是「腳痛」加「道路養護工作不確實」，使得我產生的情緒是「憤怒」。

 ## 第一步：用心智圖列出自己的解讀

　　可以細細地分析每一項工作任務或是每一類工作任務，寫下我的感受、我的解讀。

　　現階段，我們覺得很有壓力，壓力源不見得全部都是來自於工作，也有可能是下班後的環境不能協助紓解我們工作上的壓力，有時甚至是加深工作上的壓力。因此，也可以把下班後的情況納入本張心智圖中。

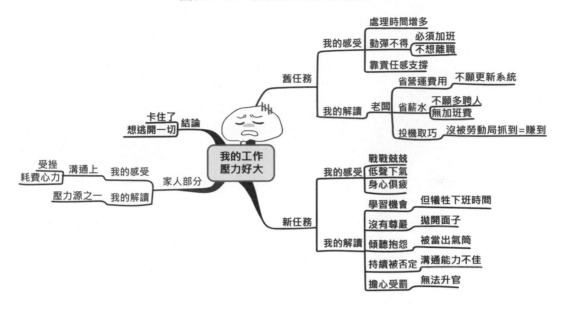

圖表 7-10　解讀自己的工作壓力

畫到最後，可能會發現自己現在非常想要逃離一切，離開這樣的狀態，那就再建立一條脈絡，也沒有關係。

 第二步：把情緒和事件分開

將情緒與所有事件的當事人主體分開。分開後，再重新解讀一次。這裡的「解讀」，是理性的解讀，要拿掉感性用語。

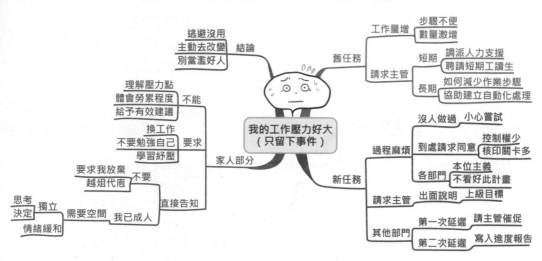

圖表 7-11　我的工作壓力好大（只留下事件）

第一條脈上的「舊任務」，在第一個分支上寫下對於這部分的實際困難情況──「工作量增」、「步驟不便」、「數量激增」。在第二個分支上寫下我希望能得到的協助──「請求主管幫助短期上可快速解除工作量太大的做法」，跟「長期上要避免這類異常情況變成常態情況的做法」。

畫完後，是否感覺到心情輕鬆點了，不再困在情緒糾葛中，也不再認為事情是沒有其他解決方法的餘地了？

我常開玩笑地說：「情緒是感性的，感性思考讓我們有了人性。想要快樂的人生，很簡單，就是『泯滅人性』就對了。」

我們的視角已經從消極的負面，轉為積極的正面，現在就帶著正面的態度去落實我們想出來的做法。

困在負面情緒裡，怎樣找出原因並解決？

平心而論，我們都很清楚，人類嘴上說的跟實際做的，往往是兩回事，「問專家怎麼做」不如「去觀察專家怎麼做」。美國奧瑞岡大學心理學教授保羅・霍夫曼（Paul Hoffmany）在 1960 年發表了論文，告訴我們分析專家會先搜尋線索進行資料輸入，然後根據決策內容分別對這些線索設定不同的權重。

小黥對女友 T 小姐是一見鍾情，從認識當下開始，就決定要娶對方回家。小黥在 40 歲生日那天失戀了，交往三個月的女友 T 小姐只在通訊軟體上留下一句話：「我們分手吧！」並且在通訊軟體跟臉書上把小黥給封鎖了，即使是已有交往 20 次經驗的小黥仍然大受打擊。

在同一天，主管告知小黥從下週開始，每半個月時間待在北京工作，另半個月時間就待在台北工作，至少未來一年都得持續這種工作方式。現在的小黥能親自或是面對面挽回女友 T 小姐的機率降到幾近於 0%。

小黥鎮日陷在瘋狂搜尋 T 小姐的網路資訊中，只要工作稍有空閒就開始搜尋，但怎麼找也找不到，越找不到 T 小姐的網路資訊，

小黥心情就越焦躁不安，且深受打擊，內心不停地湧出悲傷感。

　　幸好小黥不是一個好面子的人，一個人偷偷地難過了三天，第四天他主動且誠實地向我求援，問我該怎麼走出失戀的悲傷。

第一步：寫下所有想法

　　小黥先畫下來他對這段失戀的所有想法，務必要不假修飾地寫下所有念頭。寫到寫不出來為止。

第二步：用五個 Why 分析所有想法

　　不管第一步中寫出多少內容，強迫自己要分析到第三個層次以後，這樣的分析深度才夠。可以搭配麥肯錫企管顧問公司提出的「五個 Why」概念，這項概念也是日本豐田汽車員工在問題分析時會使用的。

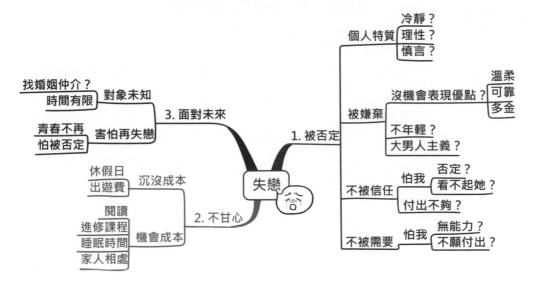

圖表 7-12　列出失戀時所有的情緒

這裡所標註的數字，表示在小黥心中的權重大小，數字越小權重越大。

寫到這裡時，小黥已經在情緒上能接受失戀事實，能客觀地看待自己的悲傷，也能開始接納另一段愛情的到來。現在的小黥已經能站起來並採取行動了，開始思考如何繼續認識其他女生，並找到適合自己的女性。

43 | 如何提升心理素質，面對突發狀況？

近幾年，因為影音平台百家爭鳴，產生了直播紅利與自媒體紅利，使得網路上人人平等，不限財力與學歷都有機會能成為網路紅人。相對的反作用力是人身攻擊或是惡毒的情緒性用語在網路上快速流傳，成為網路霸凌。

真實生活中的霸凌者組成分子有見不得別人好的酸民、盲目跟風者、看熱鬧的瞎起鬨者、懶得查核事實的無知者，在虛擬網路上當然也有這四種人的存在囉。

凡事總是一體兩面，有光就會產生影，有正就需要有負，有好就得有壞來襯托，網路推力讓人成名，反作用力是網路紅人必定會遇到網路霸凌。

若過去青少年時期在校園中曾遇霸凌者，必定相信且理解：霸凌絕對不會等你準備好，而是沒有預兆地從天而降的。

過去，我是「易碎玻璃心」。易碎玻璃心的人，就像是鬆軟的豆腐一樣，只要一點點的外力，自己心上就留下深刻且無法撫平的傷痕。

防彈玻璃心的人，即使對方的嘴像鋒利的西瓜刀，再大的力道砍過來，也無法傷己絲毫。成為「防彈玻璃心」是我的終極目標，在達成終極目標前，我還需依序達成「強化玻璃心」、「鋼化玻璃心」這兩個短程目標。

圖表 7-13　玻璃心的進化目標

普通玻璃：易碎，碎片尖銳，容易會傷己或傷人

↓

強化玻璃：較不易碎，碎片尖銳，會傷己或傷人

↓

鋼化玻璃：不易碎，碎片細小不尖銳，較不會傷己或傷人

↓

防彈玻璃：不碎，保護自己或保護他人

即使我知道網路將促成自媒體社會，但我尚未能成為防彈玻璃心前，我是不願意在網路上露臉或成為自媒體。對當時的我來說，「要不要成立自媒體？」是沒有意義的問題，真正對我有意義的問題是「要如何讓自己成為防彈玻璃心」。

第一步：自我剖析

這一步不容易獨自完成的，靠自己摸索將會很慢很慢，可以找人幫忙剖析。但我絕對不建議去找好心卻不專業的親朋好友來幫忙

剖析，因為他們跟我們太靠近了，對我們有很多的既定印象與期待，容易越幫越忙，絕對會幫倒忙。

如果你的平日生活時間過得很充裕，步調很慢，當然可以去參加一些正規的心靈成長課程，因為仍是屬於自我摸索，所以進步有效卻緩慢。

圖表 7-14　剖析自己的所有想法

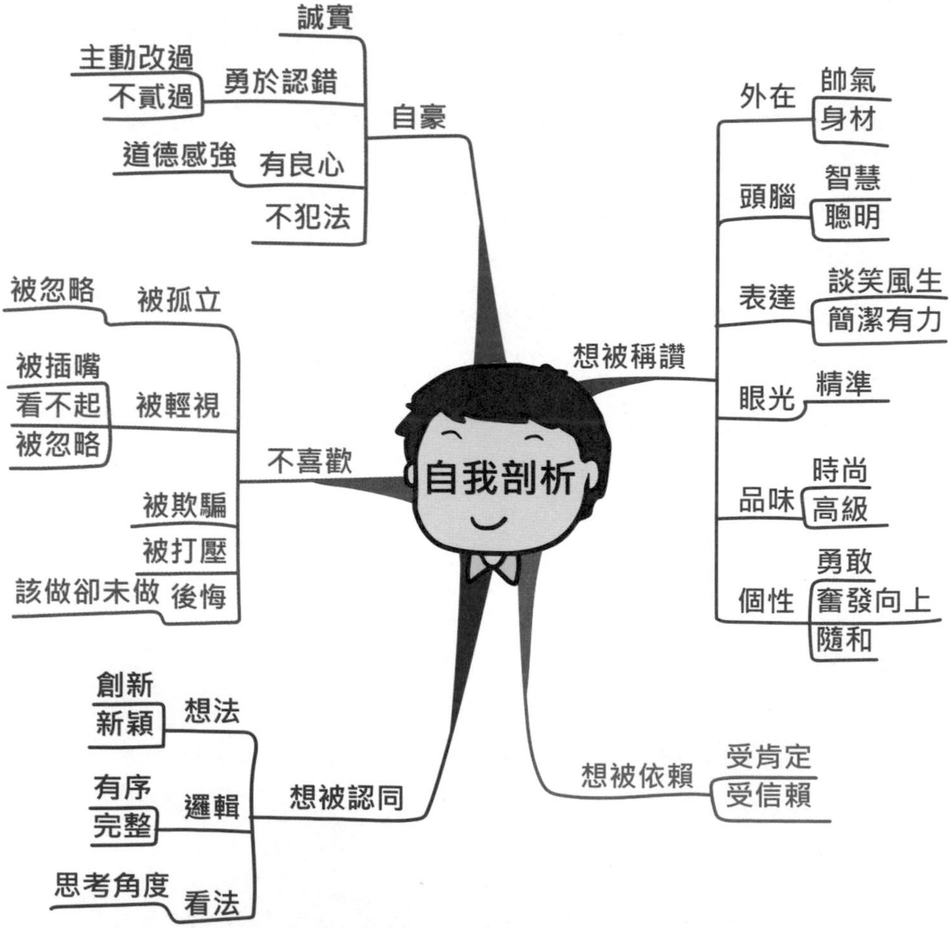

我個人傾向於放下面子問題，寫出來，並找尋有專業證照的合格諮商心理師或精神科醫師來幫助我剖析自己。

小年跟我一樣，重視裡子大於面子，於是聽從我的建議先畫完心智圖後，再去找精神科醫師求助。[*]

 ## 第二步：剖析自己的玻璃心

每次跟精神科醫師聊完，消化個幾天後，就會重新再畫一張自我剖析的心智圖，在下次見面時就將心智圖給精神科醫師看，來快速幫助自己釐清一切。

一直剖析到自己覺得已經找到玻璃心易碎的全部弱點。

 ## 第三步：強化最想先處理的弱點

知道自己易碎的弱點後，就開始動腦思考如何強化它。

---

[*] 精神科醫師可以開藥，諮商心理師不可以開藥，有時大腦中的某些神經傳導物質已經過低，低到需要暫時吃藥來協助縮短療程，請大家不要排斥吃藥，否則療程將曠日廢時。

第四步：處理其他的弱點

當處理完一個弱點後，就重複第三步，直到所有弱點都強化。

所謂的「習慣」是一連串的不自覺的、無意識的行為所組合成的，大腦的思考迴路也早就建立起強固的連結路徑了，在一一處理弱點的過程中，難免再度不自覺地回到原本的思考習慣中，千萬不要自責，這是因為舊有的大腦迴路還沒有完全被消除，新的大腦迴路也還沒有建立起強固的連結路徑。這時候要放過自己，別太苛求自己，多做幾次一定可以達成我們的目標的。

我猜你可能會問：「我要何時才能達標呢？」根據常見的說法，要養成一個新習慣需要連續 21 次的練習，一天一次就需要連續 21 天。不是做一次後就等待 21 天後會自動變好，也不是三天捕魚兩天晒網地做 21 次喔。務必要耐著性子，針對弱點扎扎實實地連續做 21 天。

第 8 章

下班回家之後

44 如何用心智圖規劃下班後的生活？

我用小梅的例子來說明，我們該如何有效分配自己的時間。

 第一步：列出平時的作息時間

小梅的作息時間：

上班日	休假日
上午 6:00 起床	上午 7:30 起床
上午 7:00 半出門	中午 12:00 用餐
上午 9:00 上班	晚上 7:00 用餐
中午 12:00 用餐	晚上 11:00 睡覺
下午 1:30 上班	
晚上 6:00 下班	
晚上 7:00 到家	
晚上 11:00 睡覺	

第二步：計算出每週能自主控制的時間總量

上班日時，小梅能自主控制的時間是上午 6:00 到 7:30 的 1.5 小時、中午 12:00 到下午 1:30 的 1.5 小時、晚上 7:00 到 11:00 的 4 小時。能自主控制的時間量，最多是 7 小時。

休假日時，小梅能自主控制的時間量，最多是 16.5 小時。

每週能自主控制的時間量，最多是 16.5 小時加 7 小時為 23.5 小時。等於是每月四週共計 94 小時。

 ## 第三步：規劃投入時間的比例

思考生存與生活中應該做的事項，每一項理想的投入時間比例。

在小梅能自主控制的時間中，想要做的事情有這些，一一列出每項在心中理想的分配比例。

右半邊 50%是為了生存必須要投入的事

- 生活採購：採購日用品、銀行或是 ATM 取款、網路查詢購買評價

- 用餐：採購食材、外出用餐、用餐時間

- 整理環境：打掃清潔、清洗與整理衣物、植栽、居家布置

- 交通：採購、上下班

- 運動：刻意從事已達到運動效果的活動，例如走路、上下樓梯、健身房或運動課程

左半邊 50%是為了生活的更美好而必須投入的事

- 思考與規劃：給自己的沉思時間

- 學習與閱讀：上課進修、瀏覽網站學習新知、從事個人興趣

- 親情與愛情：不管是跟父母、伴侶、孩子、男女朋友、寵物，皆算在內。

- 友情與餐敘：親友聚餐、朋友聚餐、婚喪喜慶活動

- 留白與彈性：做為以上四項彈性調整使用

圖表 8-1　投入時間的比例

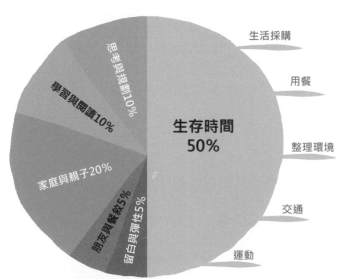

第四步：計算每項事情最多投入時間的總量

計算生存與生活中應該做的事項，每月中每一項最多可投入的時間總量。

50%是為了生存必須要投入的事

每月可用在生活上的採購＋用餐＋整理家務＋交通的理想時間量，最多為 94 小時 ×50％＝ 47 小時。若是其中某一項花的時間太多，就必須減少另一項的時間，讓每月總時間量不超過 47 小時，超過的話就會壓縮到讓生活有所突破或進階的時間。

50%是為了生活的更美好而必須投入的事

每月總時間量 47 小時：

· 思考與規劃：94 小時 ×10％＝ 9.4 小時

· 學習與閱讀：94 小時 ×10％＝ 9.4 小時

· 親情與愛情：94 小時 ×20％＝ 18.8 小時

· 友情與餐敘：94 小時 ×5％＝ 4.7 小時

· 留白與彈性：94 小時 ×5％＝ 4.7 小時

第五步：微調時數

小梅決定微調第四步所計算出來的時數為：

42%是為了生存。每月生存時間最多 40 小時

減少的 7 小時，挪到生活層面中。

58%是為了生活：每月生活時間總時間量 54 小時

- 思考與規劃：每月 8 小時。每週 2 小時

- 學習與閱讀：每月 14 小時。這 14 小時想要切割成幾次完成都可以

- 親情與愛情：每月 22 小時。這 22 小時想要切割成幾次完成都可以

- 友情與餐敘：每月 5 小時。這 5 小時可切割成兩次

- 留白與彈性：每月 5 小時。這 5 小時想要切割成幾次完成都可以

 ## 第六步：縮短生存時間，擠出生活時間

開始找方法縮短生存時間，再降低時數。把擠出來的時間挪到生活時間去，這樣才會越活越快樂！

例如：重新規劃家具擺設與動線以利打掃與整理、家務外包、

換房子縮短通勤時間、運用智能家電簡化日用品的採購時間等。

 ## 第七步：不要斤斤計較而本末倒置

　　前述是了解自己時間應該用在哪裡的方法，不是要大家花費大量時間去斤斤計較每一分每一秒，若是如此，那可是本末倒置了。

圖表 8-2　下班後的時間管理

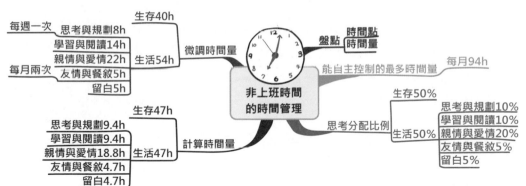

45 如何脫離月光族，讓資產變多？

　　有人覺得開源比節流容易，有人覺得節流比開源容易。開源管道眾多，各有優缺與因人而異的條件，故此篇章僅討論節流的做法：年年都讓支出小於收入。

　　一般公司為了讓自己的資金運用更有效益，會先規劃未來的財務預算。其實個人的支出，也該如此。上班族的支出規劃其實是很容易做的喔，別想得太困難了。

　　依據保險業提出的 631 法則，保險金額不可超過總收入的一成。35 歲已婚的小高年收入分配可初步規劃如圖表 8-3。

圖表 8-3　財務 631 法則

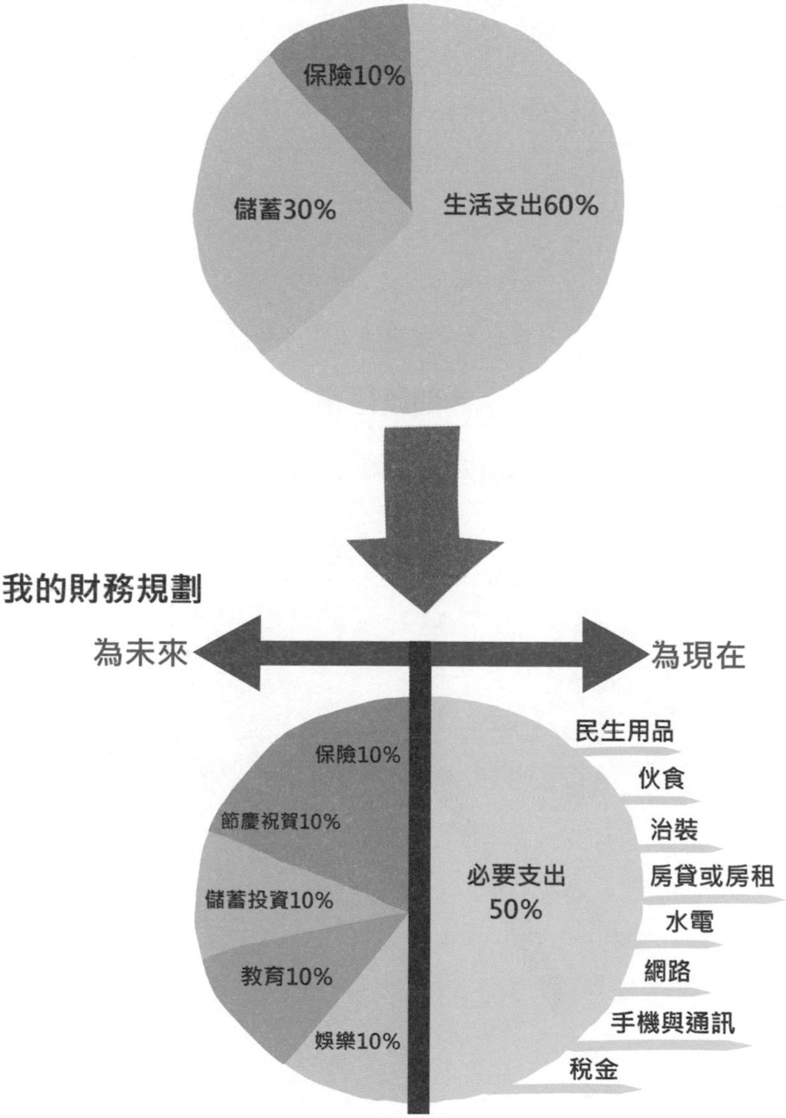

保險10%

儲蓄30%

生活支出60%

我的財務規劃

為未來 ← → 為現在

保險10%

節慶祝賀10%

儲蓄投資10%

必要支出 50%

教育10%

娛樂10%

民生用品

伙食

治裝

房貸或房租

水電

網路

手機與通訊

稅金

第一步：列出理想的年收入分配

小高心中理想的年收入分配如圖表 8-4，支出項目如何歸類可以因人而異，例如旅遊費用對 A 來說，可算是右側「為了生存的必要支出」，對 B 來說可算是左側「娛樂費用」。所以請以自己認定的分類為準。

圖表 8-4　理想的年收入分配

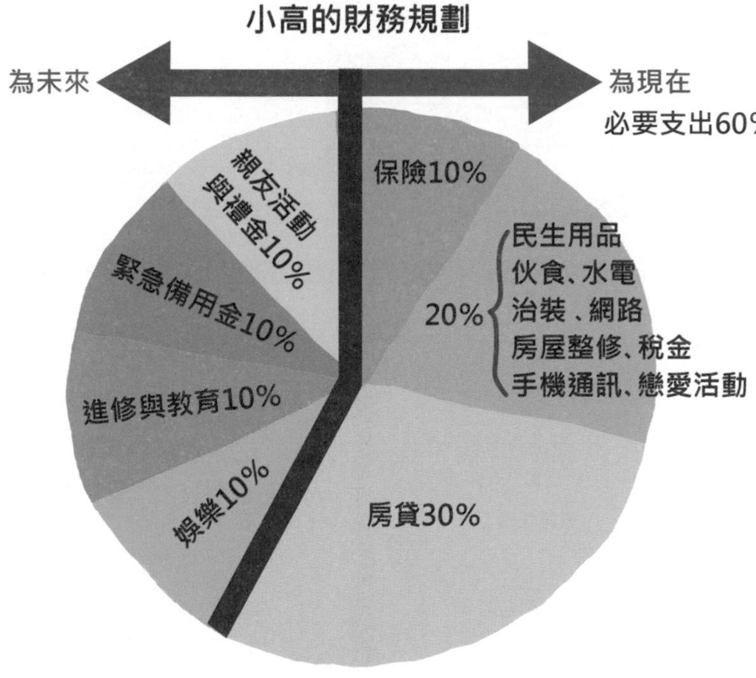

小高的財務規劃

為未來　←　　　→　為現在
必要支出60%

保險10%

親友活動與禮金10%

緊急備用金10%

進修與教育10%

娛樂10%

民生用品
伙食、水電
治裝、網路　20%
房屋整修、稅金
手機通訊、戀愛活動

房貸30%

60%是為了讓現在能活下去

這部分專款專用若有餘額，直接轉入下一年的 60％之中使用。

- 10％保險。含健保、壽險、意外險、醫療險、儲蓄險、年金險、長照險、投資型保單的全數總繳保費不可超過 10％年收入，否則財務上將捉襟見肘。

- 20％為了生存的必要支出。含民生用品、伙食費、治裝費（含制服費）、房屋整修費、水電費、網路費、手機通信費、稅金、談戀愛的一般活動費用。目前小高是頂客族，將來若生了小孩，子女教育經費也要歸入此項，比例也要隨之變動。

- 30％房貸、房租加頭期款準備金。房貸金額不可超過總收入的三成。若是暫時不能買房而改租房的話，租金與頭期款準備金合計為 30％。

40%是為了讓生活越來越好用的，是投資於未來的金額

- 10％親友間祝賀活動與禮金。包含同事聚餐、親友聚餐、慶生費與生日賀禮、過年紅包、婚喪喜慶紅白包。

- 10％緊急備用金的儲蓄、退休計畫、投資。含勞保費、國民年金費。緊急備用金為沒有任何收入的情況下，足以生活 6 個月的所有支出費用。當存夠了緊急備用金後，就開始將金錢全數投入於退休計畫與投資中。

- 10％進修與教育。買書、買課程。當孩子出生後，將此部分全數移轉到前述的「為了生存的必要支出」之中，比例也要隨之變動。

- 10%娛樂費用。沒有任何現實考量目的，純粹為了享樂的花費，包含旅遊、買音樂光碟、買遊戲軟體與點數、買演唱會或展覽門票、與戀人一同出遊費用。

 ## 第二步：列出下年度的分配金額

未婚的小高 2019 年總收入為 75 萬元，2020 年預定總收入的分配金額如下：

60%是為了讓現在能活下去

- 保險：7.5 萬。10%

- 為了生存的必要支出：15 萬（平均每月 12,500 元）。20%

- 房貸、房租加頭期款準備金：22.5 萬（平均每月 18,750 元）。30%

40%是為了讓生活越來越好用的

- 親友間祝賀活動與禮金：7.5 萬（平均每月 6,250 元）。10%

- 緊急備用金的儲蓄、退休計畫、投資：7.5 萬（平均每月 6,250 元）。10%

- 進修與教育：7.5 萬（平均每月 6,250 元）。10%

- 娛樂費用：7.5 萬（平均每月 6,250 元）。10%

第三步：微調分配比例

　　未婚的小高微調分配的比例如下：

62%是為了讓現在能活下去

- 保險：7萬。四捨五入後約10%

- 為了生存的必要支出：16.8萬（平均每月14,000元）。約22%

- 房貸、房租加頭期款準備金：22.5萬（平均每月18,750元）。約30%

38%是為了讓生活越來越好用的

- 親友間祝賀活動與禮金：5.35萬（平均每月約4,600元）。隨著年紀增加與認識的人越多，若有餘額，直接轉入下一年的個別預算中使用。約7%

- 緊急備用金的儲蓄、退休計畫、投資：12萬（平均每月10,000元）。約16%

- 進修與教育：6萬（平均每月5,000元）若有餘額，直接轉入下一年的個別預算中使用。約8%

- 娛樂費用：5.35萬（平均每月約4,600元）。若有餘額，直接轉入下一年的個別預算中使用。約7%

第四步：列出專款項目

以下項目請專款專用，若有餘額則直接轉入下一年的個別預算中使用：

- 保險

- 為了生存的必要支出

- 房貸、房租加頭期款準備金

- 親友間祝賀活動與禮金

- 緊急備用金的儲蓄、退休計畫、投資

- 進修與教育

因為這些項目支出有可能隨著年齡增加而增加，萬一屆時我們的年收入並無增加的話，仍有餘裕去處理。

第五步：思考娛樂項目的快樂程度

說到「娛樂」，你腦中浮現的是什麼樣的景象呢？

- 電影院中看電影、在家看影片？

- 逛街採購、上網採購？

- 遊樂園中玩樂、線上遊戲或手遊？

- 上山下海地接觸大自然、觀看自然界影片？

- 外出享受美食佳餚、在家自製美食佳餚？

- 咖啡館中享受時光、在家自沖咖啡與享受時光？

- 做一份手工製品、修理或改良家中物品？

- 看一場表演、看一本書？

- 社福或動保團體志工服務、自宅照顧動物或寵物？

　　我認為「娛樂」的需求是天性，每個人的人生目標之一就是「追求快樂」。但，娛樂跟快樂有點不一樣。娛樂是為了達到快樂的一種方式。

　　快步調的社會節奏，觸目所及都是大量影音資訊，不斷告訴我們「別人是怎麼想的」、「別人是怎麼做的」，量變會產生質變，使得我們誤以為這些別人的想法都是我們自己所想的。

　　娛樂費用，就跟置裝費用一樣，要花多還是花少，就看你自己。這個月沒有花完的，你可以放到下個月的娛樂費用中，當成是給自己一個節儉的獎勵；你也可以直接轉存到緊急備用金的儲蓄、退休計畫、投資中，當成是投資自己的快樂未來。

　　每個人的個性與價值觀不同，你一定不會做出跟未婚的小高一模一樣的規劃比例。以下是心智圖的使用者莊伊蓉，她從月光族轉變成金錢整理師的學習歷程，給大家參考：

　　歷時兩年的金錢整理，盤點自己的資產、負債後了解自己的金

錢現況，再逐步加強自己的金錢能力，這得一步一步地透過學習、練習、回饋，才能順利擺脫每月月光族的窘境，並達到收支平衡。

我在執行金錢整理的過程中，最痛苦的過程是一開始的時候─從問題發想開始。痛苦之處在於：我要面對過去不理智的購物行為，要透過層層剖析自己更深層的內在原因。

更詳細地來說明一下，在整個金錢整理的過程中，我所運用的方法：

1. 首先藉由理財文章、書籍、影片提升自己的金錢認知，同步開始記帳。記帳是為了了解支出流向、消費習慣、購物頻率。

2. 練習每日存錢，加強與金錢的連結，吸引豐盛到來。

3. 當認知提升後，再報名相關課程，與專業老師交流，練習模仿卓越，也把所學的新知識，運用到日常練習中（記帳、消費行為、存錢、轉換金錢思維……）。

4. 當我個人腦中一產生新想法時，我就會先去學習相關知識→練習→優化，是否列入金錢規則中，逐步建構並優化成屬於我自己的金錢規則。平常就按照規則執行，讓規則逐步內化成我的日常，讓我一步一腳印的從月光族轉變為擁有自己的存款。

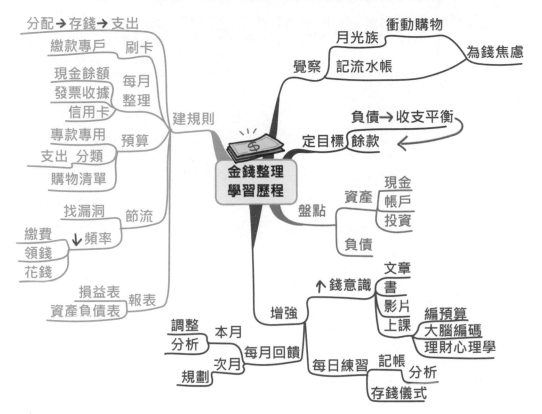

圖表 8-5　兩年內，從月光族轉變成為金錢整理師的學習歷程

46 如何規劃外語學習進度？

　　初學外語時，我們若把該外語當成是一門學科或是學問來學，就像是要求小孩子把每天的吃飯活動當成是寫研究報告一樣地進行分析，小孩子吃飯的樂趣應該消退不少了。學習外語就是要「多聽」之後，立刻跟著「多說」才是。

　　學習母語的歷程為先聽說，再讀寫。聽的能力不佳，就會發音不正確；發音不正確時，學習拼音文字時就容易拼寫錯誤。[*]

　　小蕭 24 歲時因為對日本生活感到好奇，大量觀看沒有中文字幕的日語發音日劇，很仔細地聆聽與猜測劇情，一年後就變成了日文聽與說的高手了。

　　事蹟被列入小學教材中的連加恩醫師，他的太太當年為了避免下班後太無聊，用三個月時間練到能聽懂法語電視劇的對白。

　　文法就是說話的習慣。例如廣東話會這麼說：「我走先」，意思就是「我先走」。我們學習母語時從來不需要理解文法，只要多

---

[*] 英文拼寫錯誤如「dessert」跟「desert」。中文不是拼音文字，寫錯字的情況分別可能為寫成同音字、諧音字、相似字形，例如「的」跟「得」、「南洋」跟「蘭陽」、「蜜」跟「密」。

聽後多說，說錯後就重新再說一次，自然把文法運用得良好。

再度強調「一種米養百樣人」，大家個性不同，生活模式不同，興趣不同，所以不能說什麼樣學外語的方法好，什麼樣的方法不好。完全是因人而異，你喜歡用的方法就是好方法。因為工作關係，我見識過很多英文老師，這些經驗告訴我，井底蛙般的英文老師才會強調只有自己教授的方法最好。

唯一不變的是，你要真的很喜歡用英文來進行聽說讀寫，每天若無法 100％專心地使用英文 3 小時以上的人，英文學不好都是正常的。

學到開始能講出片段或是部分語句後，我們就該重新規劃學習目標與方式了。在此以學校畢業後，仍希望能繼續接觸英文的上班族為例，給大家做為參考。

 ## 第一步：訂出平時可練習英文的事項

訂出每日英文時間或每日使用英文的事項。

敏亦剛從學校畢業，想要維持自己的英文能力不墜，希望在上班之餘，能繼續保持接觸英文的時間量。先以心智圖方式來盤點自己可以投資在練習英文上的時間，接著從聽說讀寫這四個動作來思考自己有哪些事情可以接觸到英文。

圖表 8-6　做這些事可練習英文

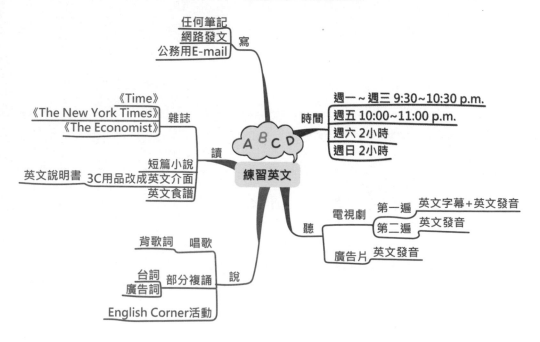

 ## 第二步：制定學英文的週行事曆

　　敏亦看著剛剛的心智圖，以時間為主軸，逐一思考每一天何時可以接觸英文？可以做什麼事情？

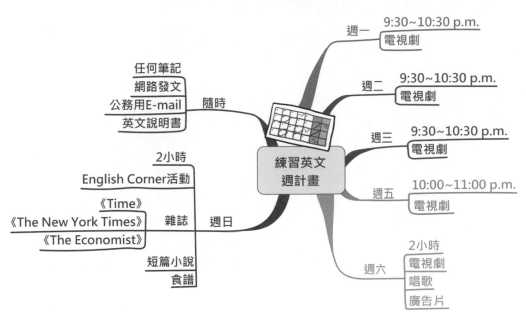

圖表 8-7　練習英文的週計畫

週一　9:30~10:30 p.m.
電視劇

週二　9:30~10:30 p.m.
電視劇

週三　9:30~10:30 p.m.
電視劇

週五　10:00~11:00 p.m.
電視劇

週六　2小時
電視劇
唱歌
廣告片

任何筆記
網路發文
公務用E-mail
英文說明書
隨時

練習英文
週計畫

2小時
English Corner活動
《Time》
《The New York Times》　雜誌　週日
《The Economist》
短篇小說
食譜

 第三步：認真執行

　　照表操課執行。視自己的需求，每隔一段時間，就重複這三個步驟。

　　敏亦很清楚工作中難免有時後要加班或出差，可能會無法依照自己的原定計畫來練習英文，不過沒關係，先給自己一個月的執行時間，並且實際記錄自己的執行情況，之後再來重新規劃一次就好。

47 | 為了健康，如何規劃運動時間？

只要是自己有興趣的事物，人類會自己想辦法擠出時間去做。一個熱愛運動的人，絕對不會有規劃運動時間的問題。

職業婦女的佩齡，每天的時間都是被生活瑣事塞得滿滿的，加上自己也不愛運動，也討厭流汗，若是為了健康而去強迫自己運動的話，又覺得太虐待自己了。

像佩齡這樣的人，其實也不少，首先要改變一個念頭，這件事情就有解了——不要特別去運動，而是順便運動一下。

我本身就不愛動，因為我不喜歡大量流汗，完全不會主動思考運動的事情。如果你跟我一樣，為了健康而不得不去運動，我們就一起來想想如何規劃運動時間。

 ## 第一步：列出每天的空檔時間

列出每一天現有的空檔時間，或從事不用費神動腦事情的時間。

第二步：列出自己適合的運動

列出適合自己的運動方式，依照運動強度或運動時間來分類。

 ## 第三步：計畫適合自己且不勉強自己的運動

將前兩步驟的內容融合，彙整成一張心智圖。這張心智圖就是
適合自己且不勉強自己的運動計畫囉。

圖表 8-8　不勉強自己的運動計畫

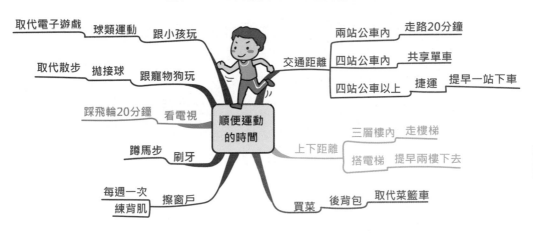

佩齡從 35 歲開始就做著這樣的懶人運動十年了，雖然這十年
來體重還是有增加的時候，不過體重變化都維持在 7 公斤之內，整
體的體態仍是瘦子等級，體脂肪都維持在 20 ～ 21 之間，所以佩齡
也不打算改變這樣的懶人運動習慣了。

48 如何快速買菜、做飯，享用健康晚餐？

都市中生活的上班族與職業婦女，較不容易天天買菜，天天想菜單，於是我們應該擬定三天一次的購菜清單或是一週一次的購菜清單。

第一步：了解當季時蔬與家人飲食喜好

網路時代的我們，應該第一時間會想到上網查詢一下這個月份的當季蔬菜是什麼。在台灣一月份當季蔬菜是青花菜、花椰菜、牛蒡，但因為地球暖化造成了氣候異常，加上台灣有很多從南半球進口的非葉菜類蔬菜，我倒是覺得直接到菜市場去看看這一週哪一種蔬菜是價錢很便宜的，或是哪一種蔬菜是每家菜販都在賣的，這樣比較即時且實際。

除了開口問家，也可以在平時用餐時間留心觀察家人飲食的喜好與禁忌。

第二步：查詢食譜，擬定買菜清單

上網查詢食譜，開始擬定購菜清單，分成兩張心智圖，一張是主菜，一張是副菜。

清華是個愛做菜的單身男性，做菜是紓壓的方法，每天為自己做一道愛吃的晚餐，就是一大樂事。所以清華的心智圖食譜以一個人的分量為主。

繪製時，兩張心智圖一起構思。依照主要食材與配料來分類，某些材料用量少，最好是這一次的食譜都會使用相同的材料，避免剩食。

圖表 8-9　主菜心智圖，在此省略調味料部分，僅列出主要食材與配料

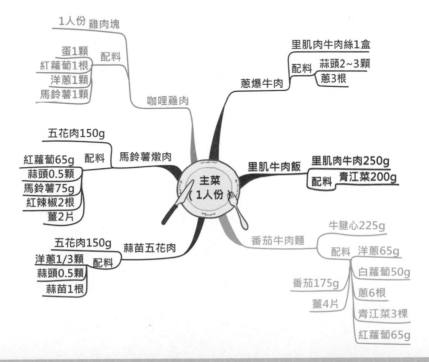

圖表 8-10　副菜心智圖，在此省略調味料部分，僅列出主要食材與配料

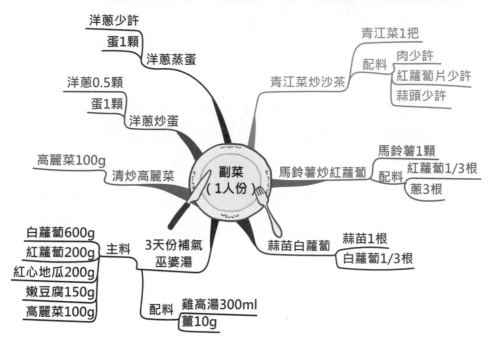

　　以心智圖來構思，更容易看出需要的食材種類與用量，已全面性的視角來思考如何減少剩食與兼顧菜色的多樣性。

　　現今網路上有許多免費的食譜可供參考，一邊繪製心智圖一邊搜尋食譜，可以減少構思時間。

第三步：將確定好的材料彙整成購物清單

　　以上做法的好處是，只要每週食譜心智圖保留下來，就是很好查閱的飲食紀錄。

　　清華使用心智圖的整個過程，完全吻合我常說的：「我的時間規劃目標是做一件事情有兩種效果。」

結語 職場上最好用的思考工具——心智圖

　　職場上會有源源不絕的新難題出現，我觀察到很多上班族懶得進行深度思考，到處去學習一些看似名為「現學現賣」的花拳繡腿招式，卻不願意靜下心來，誠實面對自己的思考缺點與發現思考盲點。總是到處學習，表面上是積極求進步，展現的學習效果卻樣樣通又樣樣鬆。

　　日本作者也是企業講師高橋政史曾說過一個觀念，一個人一生中只要有 1 到 2 種思考框架，將它運用到熟能生巧、融會貫通，就足以處理所有工作上的事物。

　　我的想法跟高橋政史一模一樣，我正是靠著心智圖的心法與工法去處理工作中所有的事物，而且處理過程的效率比多數人還要更好。這也是為何我一再地使用心智圖、推廣心智圖給想要在職場上能更進一步的人。

　　本書不斷地用各種例子來說明心智圖可以幫助解決哪一類工作上的困難，舉例中也不斷地交錯說明心智圖心法與工法。會這樣書寫的原因是「心智圖的工法與心法，是互為因果的」，遵守工法能幫助我們更快理解與感受到心法的優點。

　　心智圖的心法其實跟坊間眾多講述精準學習、能量校準、精實生產、時間管理、OKR 等方法，是一樣的核心精神，反過來說，熟練習心智圖心法的人，很容易在這些項目上自動就做得很不錯。

　　看完本書的你，知道了心法與工法後，想把心智圖學好的絕對關鍵在於「練習，練習，再練習」。先求大量的練習量，就能讓大腦的神經迴路產生本質上的變化──「量變產生質變」的效果。

　　在不久的某一天，我相信你一定也會跟我一樣說：「太幸運了！心智圖是我在職場中學會的第一種思考工具。」工作上能少走了很多冤枉路。

附錄 如何挑選心智圖軟體？

全世界的心智圖軟體大概超過 100 個，不過，真正吻合心智圖繪製心法與工法的軟體，不到 20 個。

2019 年心智圖發明人東尼‧博贊過世後，他開設的軟體公司換手經營，就不再更新與維護原本的 imindmap 軟體（比較有手繪感，版面美觀），而是鼓勵新客戶改買另一款心智圖軟體，而這兩種軟體並不相容。這件事讓我警覺到，購買軟體一定要全世界使用者眾多的，這樣更有保障。

我會「依照使用頻率來決定」是否購買付費軟體，因為軟體公司的服務年年都會有所變化，在此書出版的當下，我挑選的心智圖軟體如下：

電腦版軟體

如果常態下以手繪方式就足夠應付所有事物，偶爾突然有一、兩個月需要使用心智圖軟體，我會選擇用月租型的線上版，目前推薦 Coggle，由 Google 公司所開發，該公司網站上有多部教導如何使用的影片可觀看。

如果是每個月都要使用心智圖軟體（Windows 作業系統），我

會購買一次付費終身使用的 MindManager，因為全世界使用人口最
多，且眾多歐美跨國公司使用，需要跟歐美人士交流心智圖電子檔
時（不需要轉成 jpg 檔）最為方便，對方也可以直接修改心智圖，
輕鬆達成共享心智圖的效果。建議直接到該公司 mindjet.com 網站
直接購買，價錢會比較划算。

　　如果需要中文介面又比較便宜的心智圖軟體（Windows 作業系
統），我會推薦一次付費終身使用的 GitMind，該公司網站上有許
多說明如何使用的教學影片。也可以選擇另一款一次付費終身使用
iThoughts，費用比前幾種軟體便宜許多。

手機或平版用的軟體

- Android 系統，我推薦免費版的 Xmind

- Apple 系統，我推薦一次付費終身使用的 iThoughts。iThoughts
  只要買一次，你可以同時在蘋果公司的 Mac、iPad、iPhone 上
  使用

好用的心智圖軟體

- Coggle：coggle.it，可試用，可月租的線上版
- MindManager：mindjet.com，可試用，一次付費終身使用的電腦版
- GitMind：gitmind.com，可試用，也有免費版，一次付費終身使用的
  電腦版
- iThoughts：Microsoft Store 或 App Store，費用最便宜，一次付費終
  身使用的電腦版、iPad 版、iPhone 版
- Xmind：Google store，免費的手機版

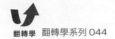

翻轉學 翻轉學系列 044

極速解決工作難題的心智圖大全

6 大功能 × 7 大工作領域 × 43 個常見問題，
讓你用心智圖舉一反三，輕鬆解決各種職場難題！

作　　者　胡雅茹
繪　　者　郭侑菱
總 編 輯　何玉美
主　　編　林俊安
封面設計　張天薪
內文排版　黃雅芬

出版發行　采實文化事業股份有限公司
行銷企劃　陳佩宜・黃于庭・馮羿勳・蔡雨庭
業務發行　張世明・林踏欣・林坤蓉・王貞玉・張惠屏
國際版權　王俐雯・林冠妤
印務採購　曾玉霞
會計行政　王雅蕙・李韶婉・簡佩鈺
法律顧問　第一國際法律事務所　余淑杏律師
電子信箱　acme@acmebook.com.tw
采實官網　www.acmebook.com.tw
采實臉書　www.facebook.com/acmebook01

I S B N　978-986-507-218-6
定　　價　420 元
初版一刷　2020 年 11 月
初版四刷　2022 年 4 月
劃撥帳號　50148859
劃撥戶名　采實文化事業股份有限公司
　　　　　104 台北市中山區南京東路二段 95 號 9 樓
　　　　　電話：(02)2511-9798　傳真：(02)2571-3298

國家圖書館出版品預行編目

極速解決工作難題的心智圖大全：6 大功能 × 7 大工作領域 × 43 個
常見問題，讓你用心智圖舉一反三，輕鬆解決各種職場難題！/ 胡雅
茹著 . – 台北市：采實文化，2020.11
272 面；17×21.5 公分 . --（翻轉學系列；44）
ISBN 978-986-507-218-6（平裝）
1. 思考 2. 成功法
176.4　　　　　　　　　　　　　　　　　　　　109015179

采實出版集團
ACME PUBLISHING GROUP

翻轉學

翻轉學